Der **perfekte** Biogarten

Bob Flowerdew

Der **perfekte** Biogarten

EDITION XXL

Erstveröffentlichung in Großbritannien 2007
unter dem Titel „Organic Garden Basics"
by Hamlyn Octopus,
part of Octopus Publishing Group Ltd,
2–4 Heron Quays, Docklands,
London E14 4JP

Genehmigte Lizenzausgabe
EDITION XXL GmbH
Fränkisch-Crumbach 2008
www.edition-xxl.de

Übersetzung: Andrea Campbell und
Katharina Lisson

Layout, Satz und Umschlaggestaltung:
SAMMÜLLER KREATIV GmbH

ISBN (13) 978-3-89736-249-9
ISBN (10)   3-89736-249-X

Inhalt

Einführung

Immer mehr Menschen machen sich Sorgen wegen der Pestizide, Fungizide und Insektizide, die im so genannten „konventionellen" Anbau und damit bei der Herstellung unserer Lebensmittel verwendet werden. Wir fragen uns, was wir da eigentlich essen. Bei Vielen kommt zu dieser Unsicherheit noch ein steigendes Bewusstsein für die teils irreparablen Schäden hinzu, die wir der Umwelt durch den konventionellen Anbau zufügen. So überrascht es kaum, dass immer mehr Leute ihre Gärten nach biologischen Grundsätzen bearbeiten. Wenn Sie Ihr eigenes Gemüse, Obst und Kräuter im Biogarten anbauen, wissen Sie genau, dass die Produkte frei sind von Chemikalien. Dazu kommt das Bewusstsein, der Umwelt keinen Schaden zugefügt zu haben.

Das Ziel des Biogärtners ist es, eine Umgebung zu schaffen, in der gesunde Pflanzen wachsen und gleichzeitig Schädlinge und Krankheiten vermieden werden, ohne dass dafür die Erde verseucht oder die natürliche Tier- und Pflanzenwelt geschädigt wird. Die Natur hat ein eigenes Sicherheitssystem mit Jägern und Gejagten entwickelt – und wenn Sie die Voraussetzungen dafür schaffen, dass all diese miteinander existieren können, dann wird die Natur Ihnen letztendlich viel Arbeit abnehmen.

Die biologischen Methoden haben sich als Antwort auf die Umweltzerstörung durch den konventionellen Anbau entwickelt. Gärtnern im eigenen Garten wurde – genauso wie konventionelle Landwirtschaft – lange Zeit wie Kriegsführung betrieben: Feldfrüchte gedeihen, indem man Schädlinge und Krankheiten mit brutalen Methoden bekämpft und mit künstlichen Mitteln die Erde manipuliert. Schlechte Behandlung der Erde, übertriebener Einsatz von Chemikalien und übermäßiger Anbau haben zum Verlust von kostbarem produktivem Land auf der ganzen Welt geführt – und wir tun unseren Gärten im Kleinen genau das Gleiche an.

● Die Prinzipien biologischen Anbaus

Das wichtigste Prinzip des biologischen Gärtnerns lautet: Das natürliche Leben in der Erde schützen und vermehren. Wir brauchen eine gesunde Muttererde: Wenn die Erde ausgelaugt ist, wird sie ausgewaschen und weggeweht – wie schon vielerorts geschehen, wo das Land zu stark bearbeitet und übermäßig bepflanzt worden ist. Die Muttererde lässt sich verbessern, indem man aktiv die Vielfalt und Menge an Mikroorganismen in der Erde erhöht. Denn diese Organismen wandeln Mineralien und anderes organisches Material in Nährstoffe um, die den Pflanzen zugutekommen. Diese Nebenprodukte sind es nämlich, die Erde schaffen, die Wasser aufnehmen kann, lehmig und humusreich ist – Erde eben, in der gesunde Pflanzen wachsen. Wer nur einen schnellen Ertrag will, dafür chemischen Dünger verwendet und zu viel anbaut, zerstört diese Nährstoffe und die Organismen in der Erde.

Biologisch gärtnern heißt also: die Erde füttern, nicht die Pflanzen, und zwar mit organischen Substanzen, nicht mit Flüssigchemikalien. Das Leben in der Erde nutzt die organischen Stoffe, Mineralien und das Wasser, um noch mehr Leben zu produzieren. Die Pflanzen ernähren sich von den Nebenprodukten und holen sich dabei das, was sie zum Wachsen brauchen. Der Effekt der Anreicherung mit organischen Stoffen ist kumulativ: Je mehr Stoffe in der Erde sind, desto mehr Flora und Fauna entwickeln sich. Diese steigenden Populationen führen wiederum zu noch mehr Lebensformen, die für noch fruchtbarere Erde sorgen. Pflanzen, die in dieser ausgeglichenen Umgebung wachsen, sind gesünder und widerstandsfähiger gegenüber Schädlingen und Krankheiten als Pflanzen, die in denaturierter, chemisch aufgeputschter Erde wachsen und ständig mit Gift besprüht werden. Um das Leben in der Erde zu schützen, verwendet der Biogärtner keine giftigen Substanzen, welche die Lebensformen verletzen könnten. Wenn es wirklich nicht anders geht, wird mit „natürlichen" Mitteln gearbeitet, die weniger giftig sind und schneller abgebaut werden.

● Tiere im Garten

Das reichhaltige Leben im Boden führt schließlich dazu, dass immer mehr und immer größere Lebewesen im Garten auftauchen. Das Prinzip ist einfach: Wer Amseln im Garten will, braucht Würmer! Auch hier ist der Effekt kumulativ: Die größeren Tiere bringen Mineralien und Nährstoffe mit, die wiederum die Fruchtbarkeit des Bodens steigern. So hinterlassen beispielsweise Vögel Federn, Eierschalen, Nestbaumaterial, Ausscheidungen und letztendlich ihre Körper – all dies wird abgebaut, gelangt in die Lebenskette und trägt zum Nährstoffreichtum der Erde bei.

Andere Tiere wie Frösche, Kröten und Igel geben Kohlendioxid ab, das von den Pflanzen im Garten aufgenommen wird. Nur Wenige wissen, wie wichtig dieses Gas für das Pflanzenwachstum ist und dass Pflanzen Kohlendioxid bei Sonnenschein in kürzester Zeit aus der Luft absorbieren. Tierisches Leben in jeglicher Größe, ob in oder auf der Erde, gibt Kohlendioxid ab und fördert damit das Wachstum der Pflanzen.

Biologisches Gärtnern zielt im Grunde darauf ab, die Natur zu imitieren, indem natürlicher Pflanzenwuchs gefördert wird. In der Natur wird bloße Erde schon bald von Unkraut und Dornensträuchern überwuchert und im Laufe der Zeit werden aus Samenkörnern dichte Hecken und Wälder. All dieses Wachstum verbessert die Erde, fängt gleichzeitig Sonnenlicht ein und holt noch mehr Kohlendioxid aus der Luft.

Biogärtner pflanzen deshalb zwischen den Feldfrüchten andere Pflanzen an und düngen vor und nach dem Pflanzen mit Mist. Dadurch erhält die Erde einen natürlichen Schutzmantel, der Erosion durch Wind und Wasser verhindert und außerdem die Qualität der Erde verbessert. Die gesunde Mischung der Pflanzen hält nicht nur Schädlinge und Krankheiten unter Kontrolle, sondern verbessert gleichzeitig die gesamte Ökologie: Sie bildet eine Art Schutzzone, in der Tiere sicher leben können und von wo aus sie sich dann wieder in die Umgebung darum herum ausbreiten können.

Biologischer Anbau unterstützt die Natur auch insofern, dass er sehr wenig Input vom Menschen braucht. Selbst gemachter Dünger aus Mist und Kompost ersetzt hierbei gekaufte Düngemittel, und die sanften Methoden der Schädlings- und Krankheitsbekämpfung verhindern, dass mit umweltschädigenden Chemikalien eingegriffen werden muss.

Es ist im Grunde gar nicht schwer, einen Biogarten anzulegen, die Qualität der Erde zu verbessern, natürliche Stoffe zu recyceln, Chemikalien zu vermeiden, eine größere Varietät an Pflanzen anzubauen und damit Tiere anzulocken – wie dieses Buch Ihnen anschaulich zeigen wird.

Die Taybeere ist eine köstliche neue Züchtung der Loganbeere mit größeren, süßeren Früchten.

Schritt 1: Die Erde verbessern

Nur wenige Menschen haben das Glück, sich den Standort ihres Gartens aussuchen zu können. Die meisten müssen das Beste aus dem machen, was vorhanden ist. Manche Gärten sind alt und die Erde ist ausgelaugt und voller Schädlinge. Andere Gärten sind nicht im Gleichgewicht, wenn viele Chemikalien verwendet worden sind. Viele Gärten aber, die lange verlassen waren und verwahrlost sind, haben sehr gute Erde.

Rhododendron braucht saure Erde, um zu gedeihen. Wenn er in Ihrem Garten wächst, ist der Boden sauer.

Die Erde verstehen

Auf den meisten Böden wachsen Blumen, Büsche oder Obstbäume ganz von selbst. Wenn Sie allerdings Gemüse anbauen möchten, müssen Sie dem Boden etwas mehr Aufmerksamkeit widmen. Erscheint Ihnen Ihr Boden als „schwieriger" Boden, so sind die Böden in der nächsten Umgebung oft genauso problematisch, und es lohnt sich immer, die Nachbarn zu fragen, wie sie damit umgehen. Fast alle Böden lassen sich ein bisschen verbessern, aber wenn die Erde nährstoffarm oder verschmutzt ist, empfiehlt es sich, einen neuen Mutterboden aufzulegen.

Die meisten Böden benötigen die gleiche Behandlung, um besser zu werden – nämlich große Mengen von organischem Material. Alles andere ist im Prinzip unwichtig. Aber selbst wenn die meisten Böden verbessert und damit für den Anbau verschiedener Pflanzen geeignet gemacht werden können, müssen Sie bedenken, dass es ein Unterschied ist, ob Sie die Erde lediglich verbessern oder völlig verändern. Es ist nicht einfach, einen Boden komplett zu verändern, denn von der Art des Bodens hängt natürlich ab, was Sie anbauen können. Besser ist es auf jeden Fall, die Erde zu akzeptieren und nur Verbesserungen vorzunehmen.

Ein Beispiel: Auf kalkhaltigem Boden wird niemals Rhododendron gedeihen – dort sollten Sie lieber Fuchsien und andere kalkliebende Pflanzen anbauen.

- ● **Säuregrad und Alkalität**

Es lohnt sich auf jeden Fall, den Säuregrad bzw. die Alkalität (Kalkgehalt) der Erde zu testen. Bitte verwenden Sie dafür keine billigen Messgeräte, denn die sind ungenau und mit solchen Werten ist niemandem geholfen. In den meisten Gartencentern bekommen Sie einfache Tests, die exakte Ergebnisse liefern. Der pH-Wert der Erde kann übrigens an der Oberfläche ganz anders sein als tiefer in der Erde, also sollten Sie ihn an mehreren Stellen messen. Der pH-Wert wird sich voraussichtlich ändern, sobald die Erde mit organischem Material angereichert worden ist. Die Erde wird eher saurer.

Den meisten Böden tut es gut, wenn alle paar Jahre etwas Kalk in die Erde gegeben wird, vor allem dort, wo Gemüse und Gras wachsen (aber natürlich nicht, wenn die Erde ohnehin stark kalkhaltig ist). Kalk gibt es in Form von Kreide. Noch besser ist allerdings dolomitischer Kalk, der mehr Magnesium und andere Nährstoffe enthält. Das definitiv beste Mittel aber sind kalzifizierte Algen, die alle Spurenelemente und Kalk enthalten – allerdings wirken sie eher langsam.

Mischen Sie Kalk nie mit Mist oder Kompost. Streuen Sie den Kalk auf die Erde oder auf den

Bodenanalyse

In den meisten Gärten ist eine Analyse unnötig und Sie sollten das Geld lieber in einen Sack gemahlene Algen investieren. Es ist wirklich schwierig, von den verschiedenen Böden des Gartens mit Bodensatz und Unrat genaue Messungen zu bekommen. Sinnvoller ist es, organischen Dünger zu verteilen und so viel organisches Material wie möglich einzuarbeiten – die meisten Böden kommen dann von selbst wieder ins Gleichgewicht.

Sehen Sie sich die Pflanzen an, die gut gedeihen! Wenn in Nachbars Garten Rhododendron, Azaleen und Heidekraut prächtig blühen, sollten Sie diese auch pflanzen, da die Erde offensichtlich dafür geeignet ist. Gute Gärtner pflanzen an, was von selbst gut wächst, anstatt unpassende Pflanzen am falschen Ort ziehen zu wollen.

Rasen, bevor Sie Regen erwarten. Verteilen Sie den Kalk mit einem Rechen oder Besen und lassen Sie ihn dann einziehen. Der Spätwinter ist die beste Zeit dafür. Im Gemüsebeet sollte Kalk am besten vor dem Einpflanzen von Erbsen oder Kohl verwendet werden, nicht vor dem Einpflanzen von Kartoffeln.

Wenn Ihr Boden ohnehin schon sehr kalkhaltig ist, kann es sein, dass ihm Spurenelemente fehlen. Um diese Erde zu verbessern, sollten Sie erhöhte Beete anlegen (s. S. 89) und reichlich Mist oder Kompost einarbeiten.

- ● **Zugabe von Mitteln**

Es gibt ein großes Angebot an Mitteln im Handel, welche die Erde verbessern sollen. Einige Substanzen auf Kalk- oder Gipsbasis lockern lehmige Erde auf. Eine Zugabe von Sand oder Split kann schweres Erdreich öffnen. Fast alle Böden werden aber am meisten davon profitieren, wenn sie mehr organisches Material bekommen.

Bodenarten

Alle Böden bestehen im Grunde aus den gleichen Materialien – Steinen, Schlamm, Sand, Lehm und organischen Stoffen – lediglich die Zusammensetzung unterscheidet sich. Was das Wachstum der Pflanzen am meisten beeinflusst, ist nicht der Nährstoffgehalt der Erde, sondern ihre physische Textur, ihr Sauerstoffgehalt und ihre Fähigkeit, Wasser zu speichern. Alle Böden (außer torfreicher Erde) werden besser, wenn man organisches Material zugibt, vor allem kombiniert mit Mulch (s. S. 60).

Die Zugabe von organischem Material erhöht den Nährstoffgehalt und fördert auch einen anderen Aspekt gesunder Erde: Mikroorganismen. Dies sind hauptsächlich Pilze, Bakterien und andere Mikroben, die organische Stoffe aufspalten und dadurch weitere Nährstoffe verfügbar machen. Diese stehen den Pflanzen zur Verfügung. In den meisten Böden ist alles in ausreichender Menge vorhanden, um den Anbau für Millionen Jahre zu sichern – wenn die Mikroorganismen ideale Bedingungen vorfinden.

Würmer sind wohl die wichtigsten Lebewesen im Garten.

● Luft und Wasser

Zunächst brauchen Mikroorganismen Wasser, der wichtigste Faktor für jegliches Leben. An zweiter Stelle kommt Luft. Fast alle Mikroorganismen und alle Wurzeln brauchen Sauerstoff und geben Kohlendioxid ab. Der Großteil des Kohlendioxids wird von der Erde wieder aufgenommen, aber dafür ist ausreichend Sauerstoff notwendig. Organische Bestandteile sorgen dafür, dass die Erde ausreichend belüftet wird.

● Zusammensetzung

Die Zusammensetzung des Bodens verändert sich, je tiefer man in die Erde eindringt. Nur die obersten 2–3 cm wimmeln mit Leben, und diese Schicht ist demnach auch die produktivste. Sie sollten die hohe Qualität dieser Schicht unbedingt bewahren, indem Sie regelmäßig organischen Mulch hineingeben, damit die Erde warm, lebendig und feucht bleibt. In 30 cm und mehr Tiefe leben Würmer und Wurzeln. Die Erde, in der gearbeitet und gepflanzt wird, wird durch diese gepflegt. Es wird kaum nötig sein, so tief zu graben. Sie sollten es, ganz im Gegenteil, sogar lieber vermeiden, denn das Graben bringt die Erdschichten durcheinander.

Würmer

Würmer sind lebensnotwendig. Ihre Ausscheidungen haben eine krümelige Konsistenz, die das Wurzelwachstum fördert. Die Gänge, die sie graben, dienen der Belüftung und Entwässerung. Beim Verdauen zerlegen Würmer Mineralien, die dadurch für die Mikroorganismen besser verwertbar sind.

Würmer mögen feuchte Erde mit Mulch. Geben Sie einmal im Monat eine Handvoll Gras und etwas Mulch auf den Boden, denn Würmer brauchen „Grünzeug" genauso wie organische Stoffe aus Kompost und Mist.

Gemahlene Algen, Blut, Fisch- und Knochenmehl sowie Hornspäne sind ebenfalls geeignete Nahrung für Würmer.

Lernen Sie Ihren Boden kennen

	Vorteile	Nachteile	Behandlung
Schwerer Lehmboden	Reiche Erde, selten Nährstoffmangel, widerstandsfähig gegen Trockenheit, ideal für Blumenkohl	Schwer umzugraben, klebrig, wird bei Trockenheit sehr fest, trocknet nur schlecht, bildet Pfützen, beliebt bei Schnecken	Bei Nässe nicht zusammenkleben lassen, grobes organisches Material und Sand oder Split unterarbeiten, mit Kalk behandeln
Leichte, sandige Erde	Leicht umzugraben, bildet keine Pfützen, erwärmt sich schnell, gut für Möhren (wenn nicht zu steinig)	Verliert Humus rasch, Nährstoffe werden schnell ausgewaschen, trocknet stark aus	Viel organisches Material dazugeben, Steinmehl (vor allem Pottasche) und organischen Dünger
Schlick/ Schlamm	Leicht umzugraben, für die meisten Pflanzen geeignet, wenn er nährstoffreich ist	Kann Wasser nicht speichern, spritzt bei nassem Wetter	Steinmehl dazugeben
Torf	Hoher Gehalt an organischem Material, ideal für Salat und Obst, gut für kalkliebende Pflanzen	Nicht immer sehr nährstoffreich, trocknet schnell aus, nicht stabil genug für große Bäume, beliebt bei Unkraut	Kalk dazugeben, damit man verschiedene Pflanzen anbauen kann.
Lehmboden	Entsteht, wenn alte Wiesen oder Grasflächen umgegraben werden	Sehr selten, wer ihn hat, läuft Gefahr, sich um nichts mehr zu kümmern	Braucht jährlich organisches Material, um seine Fruchtbarkeit zu erhalten
Feuchte Erde	Nicht so gut für den Anbau, aber ideal für Schmuckgärten, Blaubeeren und Cranberries mögen feuchte Erde	Ist oft sauer oder säurehaltig	Viel organisches Material einarbeiten, um das Abfließen von Wasser zu verbessern, eventuell Kalk hinzugeben
Kalkhaltige Erde	Geeignet für Kohl, wenn sie feucht ist, gut für viele Bäume, Feigen und Trauben	Verursacht Bleichsucht in kalkliebenden Pflanzen, weil sie Eisen und andere Nährstoffe blockiert	Organisches Material und Mulch dazugeben
Steiniger Boden	Guter Ablauf von Wasser, ideal für Dauerbepflanzung, nichts für Einjährige und Gemüse	Schwierig zu bearbeiten und zu bepflanzen	Eine dünne Schicht Sand dazugeben, damit man ihn besser bearbeiten kann

Entwässerung und Umgraben

Ziel des Biogärtners ist es, für die Pflanzen die bestmöglichen Bedingungen zu schaffen und zu verhindern, dass sie unter Stress geraten. Sie brauchen Schutz vor extremer Hitze und Kälte und – das Wichtigste – Schutz vor zu viel oder zu wenig Wasser. Damit der Boden nicht zu trocken ist, gibt man organische Stoffe hinein und erhöht somit den Humusanteil in der Erde. Humus saugt die Feuchtigkeit auf wie ein Schwamm und hält sie auch. Natürlich kann auch zu viel Wasser Probleme verursachen. Sie müssen daher ein Gleichgewicht schaffen.

Viele Gärten müssen niemals umgegraben werden.

● Entwässerung

Staunässe führt letztlich zum Absterben der Pflanzen, da Wasser Sauerstoff verdrängt. Dieses Problem stellt sich eher bei schweren Böden, da die feinen Erdteilchen mehr Wasser aufsaugen als die gröberen Körner von Sandböden. Im schlimmsten Fall müssen Sie ein Entwässerungssystem bauen. Meist aber genügt es, schwere Böden aufzulockern, dadurch Regenwürmer zu ermutigen und darüber hinaus organische Stoffe einzuarbeiten. Auch Hochbeete unterstützen die Erde beim Aufnehmen des Wassers. Wenn eine Entwässerung nötig ist, helfen Gräben. Oder Sie legen Abflussrohre aus, die zu einer Grube führen.

Lehmböden nehmen mehr Wasser auf als sandige, kalkige oder steinige Böden, die in trockenen Gegenden viel öfter gewässert werden müssen. Der Humus hält das Wasser, das heißt, je höher der Anteil an organischen Stoffen im Boden, desto mehr Wasser wird aufgenommen. Halten Sie den Boden feucht, harken Sie die Oberfläche, mulchen Sie und verringern Sie die Verdunstung durch den Anbau von Pflanzen verschiedener Höhe.

Neuer Boden

Früher oder später möchten die meisten Gärtner ein neues Beet anlegen. Das Wichtigste ist dabei, das Unkraut zu entfernen. Bevor Sie anfangen, sollten Sie prüfen, ob sich keine Leitungen im Boden befinden. Es kann sein, dass sie nicht tief genug vergraben sind. Graben Sie deshalb vorsichtig.

Die einfachste Methode, ein neues Beet anzulegen, ist diese: Lassen Sie ein bis zwei Jahre nur Gras dort wachsen, das Sie immer kurz schneiden. Dann lässt sich das künftige Beet „ausstechen".

● Umgraben oder nicht?

Das Thema hat Befürworter und Gegner und beide Seiten haben teilweise recht. In den meisten Gärten muss der Großteil der Fläche niemals umgegraben werden. In vielen Fällen gräbt man nur die Beete um, auf denen man etwas anbauen will.

Wer ein neues Beet haben will, ist natürlich gut beraten, den Boden zur Vorbereitung erst einmal umzugraben, und sei es nur, um Abfall und alte Wurzeln zu entfernen. Doch das Umgraben muss nicht jedes Jahr wieder geschehen. Diese Mühe sollten Sie lieber in die Herstellung von Kompost oder das Jäten von Unkraut investieren. Diese beiden Tätigkeiten verbessern – zusammen mit dem richtigen Wässern – die Ernte mehr als das Umgraben.

Jährliches Umgraben bringt im Gegenteil die natürlichen Erdschichten durcheinander, zerstört das Tunnelsystem der Regenwürmer und die verrottenden Wurzeln. Für kurze Zeit kommt Luft in die Erde, was zu extremer Humusverrottung führt. Diese wiederum bringt eine rasche Steigerung der Fruchtbarkeit mit sich, die aber längst wieder weg ist, bis die Pflanzen in die umgegrabene Erde gesetzt werden. Wer ein hochwertiges Samenbeet möchte, muss deshalb nur umgraben, wenn der Boden extrem kompakt ist. In der Regel genügt das Kompostieren und Mulchen. Generell kann man sagen, dass die meisten Böden alle fünf bis zehn Jahre umgegraben werden sollten, denn zumindest Ameisennester und Maulwurfshöhlen werden dann zerstört.

Grundsätzlich verbessert das Umgraben schwere Böden eher als leichte. Wenn schwere Erde kurz vor dem Frost umgegraben wird, wird sie schön krümelig. Doch falsches Umgraben sorgt im Gegenteil für Klumpen und Lufttaschen. Leichter Boden, der sich ganz einfach umgraben ließe, braucht es am allerwenigsten.

Nicht umgegraben wird da, wo Wege und erhöhte Bete angelegt sind – also dort, wo der Boden nicht durch ständiges Begehen kompakt gemacht wird. Sehen Sie dazu auch die Seiten 88–89.

Die Erbsenpflanzen (oben rechts) wachsen in guter Nachbarschaft mit Kartoffeln und Mais. Durch die Nähe der Pflanzen zueinander kann die Erde besser Wasser speichern.

Umgraben –
was gut ist und was nicht gut ist

Gut
• Arbeiten Sie langsam.
• Zerkleinern Sie jeden Klumpen.
• Arbeiten Sie verrotteten Mist unter.
• Graben Sie schweren Boden bei
  trockenem Herbstwetter um.
• Bearbeiten Sie leichten Boden im
  Spätwinter, damit nicht so viele Nähr-
  stoffe ausgeschwemmt werden.

Nicht gut
• Zu lange arbeiten
• Durchnässte Erde umgraben
• Eine zu große Fläche umgraben

Fruchtbarkeit des Bodens

Die meisten Pflanzen gedeihen besser und tragen mehr Früchte, wenn sie in tiefer, reichhaltiger und feuchter Erde wachsen, die voller organischer Stoffe ist. Sie sollten also unbedingt die Erde verbessern, bevor Sie etwas anpflanzen. Wenn der Boden ausgelaugt ist, muss er zunächst mit großen Mengen organischer Stoffe angereichert werden, bevor Sie auch nur ans Pflanzen denken können.

● Die Fruchtbarkeit des Bodens erhalten

Wenn Sie Ihre Erde regelmäßig mit gut verrottetem Mist und Kompost anreichern, wird sie fruchtbar bleiben. Auch der Fruchtwechsel sorgt dafür, dass Wurzel- und Pflanzenreste den Boden anreichern. Wenn Sie zwischen den Nutzpflanzen auch Gründüngungspflanzen anbauen und diese unter die Erde harken, wird der Boden noch besser (s. auch S. 24–26). In einem organischen Kreislauf braucht der Boden keine regelmäßige Extra-Nahrung, da er automatisch durch Pflanzenreste, Kompost und Mist gedüngt wird, was für anspruchsvolle Pflanzen und zweijährige Pflanzen wichtig ist.

Umweltbewusste Gärtner sollten Torf aus Mooren und Sümpfen nicht verwenden.

Organischer Mulch verrottet und wird schnell Bestandteil des Bodens. Steinmehle, vor allem Pottasche, können jederzeit in den Boden gegeben werden. Sie brauchen allerdings etwas Zeit, bis sie wirken. Steinmehle liefern zusätzlich wichtige Spurenelemente in fein gemahlener Form, die den meisten Böden, vor allem aber leichten Böden, zugutekommen. Ausgelaugte Erde braucht in den ersten paar Jahren eventuell Extra-Nährstoffe, die durch organischen Flüssigdünger schnell verteilt und aufgenommen werden können. Dies sind aber lediglich Krücken, die nur kurzfristig zum Einsatz kommen sollten, bis sich die Qualität der Erde verbessert hat. Viel wichtiger für eine garantiert fruchtbare Erde ist, dass das Leben in der Erde aktiv ist. Dabei hilft Mulchen und Feuchthalten des Bodens.

● Torf

Torf ist nur zum Teil zersetztes pflanzliches Material, das sich sehr langsam in Mooren und Sümpfen bildet. Theoretisch ist Torf also eine erneuerbare Substanz. Doch zur Zeit wird Torf auf industrielle Weise in großen Mengen aus seiner natürlichen Umgebung geholt, die noch dazu von großer wissenschaftlicher Bedeutung und Heimat für viele Tiere ist.

Das Ausmaß des Abbaus ist so groß, dass diese Gegenden unwiederbringlich zerstört werden. Umweltfreundliche Gärtner werden also auf Torf verzichten, der aus Mooren stammt. Torf aus künstlichen Reservoiren hingegen können Sie nehmen. Allerdings ist Torf nicht sehr gut zum Mulchen geeignet, weil er zu fein ist. Hierfür eignen sich kompostierter Mist oder Rinden- und Kokosfaser-Abfälle viel besser (s. auch S. 63).

Torf ist auch nicht sehr fruchtbar und sollte wirklich nur für spezielle Mischungen verwendet werden, zum Beispiel für Ericaeus-Pflanzen. In den meisten Böden wirken Laubkompost oder guter Lehm viel besser.

Lehmfreier Kompost ist sehr populär, weil er leicht zu verwenden ist und nicht viel wiegt, aber der enthaltene Torf kommt meist aus nicht erneuerbaren Quellen. Es gibt inzwischen wirklich viele gute andere Hilfsmittel, die keinen Torf enthalten.

Inhaltsstoffe torffreier Aussaat- und Umtopf-Erde

Inhaltsstoff	Vorteile	Nachteile
Kokosfaser	• Überall erhältlich • Effektiv • Frei von Unkrautsamen	• Leicht zu überwässern
Kompostierte Rinde	• Überall erhältlich • Effektiv • Frei von Unkrautsamen • Ökologisch gut	• Leicht zu überwässern
Kompostierte Pflanzenabfälle	• Effektiv • Frei von Unkrautsamen • Ökologisch gut	• Leicht zu überwässern • Enthalten möglicherweise Rückstände
Laubkompost	• Ausgezeichnet • Wurzeln lieben Laubkompost	• Nicht frei von Unkrautsamen • Gute Qualität nur schwer zu bekommen
Lehmerde (verrotteter Rasen)	• Effektiv • Schwer • Wurzeln lieben Lehmerde	• Nicht frei von Unkrautsamen • Gute Qualität nur schwer zu bekommen
Gesiebter Gartenkompost	• Effektiv • Schwer • Voller Nährstoffe	• Voller Unkrautsamen • Im Handel nicht erhältlich
Verrotteter Mist	• Effektiv • In großen Mengen erhältlich • Voller Nährstoffe	• Nicht frei von Unkraut und Krankheitserregern • Leicht zu überwässern
Kompostierter städtischer Abfall	• Effektiv • In großen Mengen erhältlich • Voller Nährstoffe	• Enthält möglicherweise Rückstände
Scharfer Sand und Split	• Überall erhältlich • Billig • Gute Abflusseigenschaften	• Hält das Wasser nicht und auch keine Nährstoffe • Muss mit anderen Stoffen gemischt werden

Dünger, Flüssigdünger und Mist

● Dünger

Konventionelle Dünger werden eingestuft nach dem Mischverhältnis von Stickstoff, Phosphor und Kalium. Sie gelten als direkte Pflanzennahrung, da sie die Substanzen enthalten, die beim Ernten entnommen worden sind. Stickstoff soll das Wachstum der Blätter fördern, Phosphor die Wurzeln anregen und Kalium einerseits den Fruchtertrag erhöhen und andererseits die Widerstandskraft gegen Krankheiten stärken. Diese Elemente kommen ohnehin in der Erde vor. Es ist aber nicht natürlich, sie in so hoher Konzentration vorliegen zu haben, wie es nach der Behandlung mit Flüssigdünger der Fall ist.

Der Biogärtner schützt die Mikroorganismen in der Erde, indem er die Zugabe von Substanzen, die ihnen schaden könnten, vermeidet. Ganz im Gegenteil: Der Biogärtner verwendet Dünger, der nicht wasserlöslich ist, sodass er niemals zu konzentriert in der Erde vorkommt.

Diese natürlichen Dünger müssen von den Mikroorganismen aufgeschlossen und aufgenommen werden, bevor sie den Nährstoffgehalt im Boden erhöhen und damit den Pflanzen zur Verfügung stehen. Sie werden daher auch nicht so schnell ausgewaschen und wirken über einen längeren Zeitraum.

Biogärtner schützen die Mikroorganismen in der Erde, indem sie alle Substanzen meiden, die diesen schaden könnten.

Organische Dünger kann man deshalb eher als Stimulanzien für die Erde betrachten, denn tatsächlich sorgen sie für mehr Organismen in der Erde, und die Nebenerscheinungen dieser größeren Anzahl an Lebewesen in der Erde ernähren letzten Endes die Pflanzen. Man braucht keine großen Mengen der Stimulanzien, in den meisten Fällen genügt eine Handvoll pro Quadratmeter alle zwei Jahre vollkommen.

Bedenken Sie, dass Materialien wie Blut, Fisch- und Knochenmehl sowie Hornmehl aus ethischen Gründen bedenklich sind. Außerdem besteht die Gefahr, dass Tiere diese Stoffe aufnehmen. Diese Materialien müssen also gut untergearbeitet und die Vorräte gut verschlossen sein.

Algendünger

Algendünger enthält reichlich Spurenelemente und jeweils 2–3 % Stickstoff und Kalium, aber nur ein Sechstel dieser Menge an Phosphat. Algendünger ist der am meisten verbreitete und weithin akzeptierte Stickstoffdünger. Er eignet sich übrigens auch zum Anregen des Komposts.

Die Erdbeere „Cambridge Vigour" im Hochsommer, reif zum Pflücken. Erdbeeren gedeihen besonders gut, wenn zur Pflanzzeit Knochenmehl unter die Erde gearbeitet wird.

Er ist angenehmer zu benutzen und auch unter ökologischen Aspekten eher akzeptabel als Blut, Fisch- und Knochenmehl. Algendünger ist zwar teuer, seine Wirkung hält aber auch lange an. Am effektivsten wirkt er, wenn er mit Knochenmehl oder phosphathaltigem Steinmehl gemischt wird, doch für die meisten Pflanzen genügt er als einziges Mittel. Am besten harken Sie ihn im Frühling in die Erde.

Blut, Fisch- und Knochenmehl
Dieser traditionelle organische Dünger ist sowohl effektiv als auch sehr schnell wirkend. Sie sollten ihn nur gelegentlich verwenden. Harken Sie ihn unter die Erde, kurz bevor Sie stark zehrende Pflanzen einsetzen. Sie können ihn auch unter die Erde mischen. Kaufen Sie keine Billigprodukte, diese sind häufig mit chemischem Dünger und Sand versetzt.

Knochenmehl
Dieser Dünger enthält reichlich Phosphat. Er wirkt am besten in feiner Erde. Knochenmehl ist teuer, aber die Anschaffung lohnt sich. Es lässt sich gut in die Erde einarbeiten, wenn gepflanzt wird. Es eignet sich vor allem für holzige Gewächse und Erdbeeren.

Hornspäne
Hornspäne sind ebenfalls ziemlich teuer, aber auch eine hervorragende Quelle für Stickstoff, der nur langsam eindringt. Sie eignen sich für stark zehrende und holzige Pflanzen.

Kalzifizierte Seealgen
Hierbei handelt es sich nicht um Dünger im klassischen Sinne, eher um eine Zugabe von Kalk. Doch die zahlreich enthaltenen Spurenelemente aus den Algen sorgen für eine Stimulation der Erde. Dieses Produkt ist um einiges teurer als reine Seealgen und kann überall dort als Generalnahrung verwendet werden, wo Kalk dem Boden nicht schadet. Es ist besonders gut für Rasen, Kohl, Fruchtgemüse und Steinobst.

Schnippelbohnen profitieren wie alle Hülsenfrüchte von einer Zugabe von kalzifizierten Seealgen enorm. Dieses Produkt enthält nämlich reichlich Spurenelemente.

● Steinmehl: Pottasche (Kaliumkarbonat)
Bei diesem Produkt handelt es sich um gemahlenen Stein. Pottasche dringt langsam in die Erde ein. Am besten ist es, Pottasche alle paar Jahre unter den Kompost zu mischen oder in die Erde zu arbeiten. Sie ist besonders geeignet für leichte Böden und in feuchten Gegenden und gut für Stachelbeeren und Äpfel. Außerdem verbessert sie die Widerstandskraft der Pflanzen gegen Krankheiten.

Steinmehl: Phosphat

Dieses eignet sich besonders gut für ausgelaugte und saure Böden, vor allem in feuchten Gegenden. Sie können es jederzeit unter den Kompost mischen oder in die Erde einarbeiten. Es ist besonders gut für Erdbeeren.

Steinmehl: Basalt oder Granit

Dieses besonders fein gemahlene Steinmehl kann in jede Erde gegeben werden. Es enthält viele Mineralien, welche die Entstehung von Mikroorganismen fördern. Es soll auch ausgelaugte Böden wieder zum Leben erwecken.

Holzasche

Holzasche enthält reichlich Pottasche (Kaliumkarbonat), wird jedoch leicht ausgewaschen, weil sie wasserlöslich ist. Sie sollte daher erst auf den Boden gestreut werden, wenn die Pflanzen schon etwas gewachsen sind. Sie ist gut für Obst und Zwiebeln.

Organische Fertigdünger

Diese Produkte sind meistens ziemlich teuer. Der Großteil basiert auf Tierausscheidungen, die auf die eine oder andere Art kompostiert worden sind. Sie können unter Umständen Krankheitskeime und Rückstände enthalten. Achten Sie beim Kauf also auf Produkte mit einem anerkannten Ökosiegel.

● Flüssigdünger

Pflanzen, die in Töpfen oder Kübeln wachsen, haben nur beschränkten Zugriff auf Nährstoffe im Boden. Wenn alle Nährstoffe in der Topferde aufgebraucht sind, brauchen sie Stoffe aus anderen Quellen. Sie sollten also öfter geringe Mengen Dünger erhalten, die am besten ins Gießwasser gegeben werden. Diese Flüssigdünger riechen zwar nicht gut, aber der Geruch verschwindet, sobald die Erde sie aufgesaugt hat. Alle Dünger, die im Folgenden beschrieben werden, eignen sich für Topfpflanzen mit eingeschränktem Wurzelwachstum.

Beinwell-Flüssigkeit

Hierfür werden die Blätter des Beinwell gesammelt und in ein Gefäß, z. B. ein Fass, gegeben. Etwas Urin kommt dazu und dann wird das Ganze mit Wasser bedeckt. In vier bis fünf Wochen sind die Blätter zu einer schwarzen, teeähnlichen Flüssigkeit verrottet. Sie stinkt fürchterlich, wird aber mit Wasser verdünnt, bis sie hellgelb ist – die perfekte Nahrung für Tomaten und andere Pflanzen. Die andere Möglichkeit ist, die Beinwellblätter in ein zugedecktes Gefäß zu geben, das im Boden ein Loch hat, um dann die Blätter ohne jeden Zusatz verrotten zu lassen. Nach ein paar Wochen tropft eine Flüssigkeit aus dem Loch. Diese kann auch verdünnt werden und als Flüssigdünger zum Einsatz kommen. Das Konzentrat kann auch zu Mischungen für Topfpflanzen gegeben werden.

Brennnesseljauche

Sie wird genauso hergestellt und verwendet wie Beinwell-Flüssigkeit, nur dass anstelle von Beinwellblättern Brennnesselblätter genommen werden. Die Jauche ist eine sehr ausgewogene Pflanzennahrung und macht die Pflanzen widerstandsfähiger gegen Krankheiten und Schädlinge.

Eine weitere Möglichkeit der Jaucheherstellung: Sie geben Mist in Tüten und stecken diese in Säcken in ein Wasserfass. Die entstehende Flüssigkeit kann genauso wie Brennnesseljauche verwendet werden.

Flüssiger Algendünger

Verdünnter Algendünger ist generell eine gute Pflanzennahrung, weil er voller Spurenelemente ist. Aber er ist zu teuer, um für viele Pflanzen einfach beim Gießen verwendet zu werden. Sie sollten ihn gezielt für das Blattwachstum verwenden. Sein Effekt auf die Pflanzen ist deutlich zu sehen: Sie bekommen eine dunklere, gesündere Farbe und widerstehen Schädlingen und Krankheiten besser.

● Mist von Tieren/Stallmist

Mist ist wohl das definitiv beste Mittel, um die Qualität der Erde zu verbessern. Aber Sie müssen nehmen, was Sie bekommen können, und wenn der Mist von Bauernhöfen mit intensiver Bewirtschaftung stammt, besteht natürlich die Gefahr von Rückständen im Mist.

Egal von welchem Tier er ist, Mist verbessert auf jeden Fall die Fruchtbarkeit der Erde – aber er muss vor der Verwendung immer gut kompostiert werden. Dabei werden zumindest einige Rückstände entfernt. Wenn Sie die Möglichkeit haben, sollten Sie dennoch auf Mist von Höfen mit intensiver Bewirtschaftung verzichten, denn mit Sicherheit enthält er Reste von Futter, Medikamenten und Hormonen, die den Tieren verabreicht werden.

Machen Sie aus dem Mist einen Haufen und decken Sie ihn zum Schutz vor Regen zu. Im Idealfall sollten Sie ihn ein Jahr ruhen lassen. Eine Faustregel zur Menge, die Sie benötigen: eine Schubkarre voller Mist reicht zum Düngen von etwa 10 m^2.

Am angenehmsten ist Pferdemist. Schaf- und Ziegenmist stehen an zweiter Stelle.

Kuhmist ist weniger angenehm. Schweinemist ist ekelhaft und häufig voller Rückstände.

Mist von Kaninchen und Haustieren können auf den Komposthaufen gegeben werden, aber Katzen- und Hundekot sollten Sie lieber unter Bäumen vergraben.

Geflügelmist ist sehr effektiv, voller Stickstoff und außerdem eine gute Quelle für Pottasche. Geflügelmist bringt den Komposthaufen wirklich zum Kochen! Vorsicht: Nie frischen Geflügelmist direkt auf die Pflanzen geben, immer erst kompostieren.

Eine Schubkarre voller Mist reicht aus, um etwa 10 m^2 zu düngen.

Beinwell-Flüssigkeit ist eine billige und effektive Flüssignahrung, die Sie ganz leicht daheim selbst herstellen können. Mit der gleichen Methode macht man auch Brennnesseljauche.

Pilzkompost

Nicht organischer Pilzkompost ist nicht empfehlenswert, da er höchstwahrscheinlich auch mit unerwünschten Chemikalien durchsetzt ist.

Gründüngung

Unter Gründüngung versteht man, dass Pflanzen lediglich als so genannte Zwischenfrucht angebaut und dann als Dünger in die Erde gearbeitet werden. Meist werden Zwischenfrüchte im Winter angebaut, wenn nichts anderes in der Erde wächst, doch man kann sie auch in Ruhephasen unter dem Jahr anbauen. Sie verhindern auch die Abtragung und Auswaschung des Bodens. Außerdem sorgen die Pflanzen dafür, dass auch im Winter kostbares Sonnenlicht in nützliche Substanzen umgewandelt wird.

Gründüngung

Pflanze	Vorteile	Nachteile
Alfalfa (Luzerne)	• Wurzelt sehr tief und holt Mineralien aus 6 m Tiefe	• Wächst nur langsam • Um Stickstoffbindung zu erreichen, muss die Erde mit *Rhizobium bacteria* behandelt werden (wird mit den Samen verkauft)
Bockshornklee	• Wächst schnell, eignet sich für Gründüngung nach früher Ernte • Nicht verwandt mit Gemüse, daher keine Probleme mit Fruchtwechsel • Kann von Spätfrühling bis Spätsommer gesät werden, stirbt aber bei Frost	
Bohnen und Erbsen	• Alle geeignet, nur winterharte überstehen den Frost	• Auf Fruchtwechsel achten, wenn sie im Gemüsebeet wachsen
Buchweizen	• Wächst rasch im Spätfrühling/Frühsommer • Kann bis zur Blüte bleiben, da er Insekten anzieht • Tiefe Wurzeln • Erstickt das meiste Unkraut	• Nicht für Stickstoffbindung geeignet • Muss vor der Samenbildung entfernt werden
Chicorée		• Langlebige Pflanze, am besten in Gras und Klee zu nutzen, da sie tiefe Pfahlwurzeln hat, die lange brauchen, bis sie sich gebildet haben

Pflanze	Vorteile	Nachteile
Feldsalat	• Geeignet, um viel Masse zu machen, Unkraut im Zaum zu halten • Im Spätsommer oder Herbst säen, wächst über den Winter • Essbar	• Keine Nachteile
Futterrettich	• Stirbt bei starkem Frost ab und hinterlässt beachtliche Masse, die im Frühling gut in die Erde eingearbeitet werden kann	• Verwandt mit der Kohlfamilie, daher nur sparsam im Fruchtwechsel mit Kohl verwenden • Schwer einzuarbeiten
Futterwicke	• Macht viel Masse und hält Unkraut im Zaum • Stickstofffixierend • Kann von Frühling bis Spätherbst gesät werden, wächst dann über den Winter	• Schwer einzuarbeiten
Gelbklee	• Ähnlich wie Klee und mit Alfalfa verwandt, Stickstoffbindend • Gedeiht auch im Schatten • Von Frühling bis Spätherbst säen, dann übersteht er den Winter	• Bevorzugt alkalische Böden
Klee	• Reiche Stickstoffquelle • Zieht Bienen an, wenn man ihn bis zur Blüte lässt	• Braucht etwa ein Jahr bis zur vollen Wirkung • Geneigt, wieder zu wachsen
Lupinen	• Stickstoffbindend • Haben tiefe Wurzeln • Im Frühjahr gesät und im Herbst eingearbeitet, verbessern Lupinen saure Böden	• Landwirtschaftliche Formen sind besser als Gartenlupinen
Phacelia (Bienenfreund)	• Zieht Bienen an • Im Frühjahr oder Frühsommer gesät, kann sie den Winter überstehen • Sehr leicht aus der Erde zu ziehen und einzuarbeiten	• Keine Stickstoffbindung • Samen sind teuer

Gründüngung

Pflanze	Vorteile	Nachteile
Senf	• Wächst schnell • Wenn Senf als Setzling in die Erde kommt, kann er Schädlingsbefall reduzieren	• Keine Stickstoffbindung • Gehört zur Kohlfamilie und muss daher vorsichtig eingesetzt werden bei Fruchtwechsel • Verträgt keinen extremen Frost
Ungarischer Weideroggen	• Von Spätsommer bis Mitte Herbst säen und er bringt schnellen Bodenmulch für den Winter	• Keine Stickstoffbindung • Sehr schwer einzuarbeiten • Muss mindestens einen Monat vor der Aussaat in den Boden eingearbeitet werden, damit er Zeit hat zu verrotten

Alle Pflanzen, die im Winter wachsen, können für die Gründüngung verwendet werden, aber man wird am ehesten Pflanzen wählen, die sich gut in die Erde einarbeiten lassen und solche, die richtig Masse machen. Hülsenfrüchte, die reichlich Stickstoff enthalten, sind immer gut, da Stickstoff meist Mangelware ist. Die Samen für die Gründüngung werden in der Regel gesät, sobald der Boden abgeerntet ist, und vor dem ersten Frost. Die Pflanzen, die den kalten Winter überleben, werden mit undurchlässigem Mulch abgedeckt oder aber in die Erde eingearbeitet, bevor die Nutzpflanzen in die Erde kommen. Manche Zwischenfrüchte, vor allem sehr faserreiche Pflanzen, brauchen mehrere Wochen, bis sie verrottet sind, bei anderen geht es schneller.

Wichtig ist, dass die Pflanzen für die Gründüngung keinesfalls Blüten und Samen entwickeln, denn dann verlieren sie ihre kostbaren Inhaltsstoffe. Es ist übrigens besser, zwei oder drei kurzlebige Pflanzen anzubauen, als eine lang wachsende.

Erbsen und Bohnen werden ohne die Wurzeln entfernt, bevor sich die Schoten bilden. So werden stickstoffreiche Knötchen im Boden gelassen. „Banner", eine winterharte Bohnensorte, wird gern für die Gründüngung angepflanzt. „Alsike" ist die beste Kleesorte für magere, feuchte und saure Böden, während „Weißer Klee" für leichte und lehmige Böden ideal ist. „Essex Red" gilt als der beste Klee für die Gründüngung, aber er ist nicht winterfest und eignet sich besser für lehmige Böden.

Die Sumpfblume eignet sich hervorragend als Gründünger, da sie einerseits Unkraut im Zaum hält und andererseits Masse macht.

Mineralien

Manche Gartenpflanzen und viele Unkrautsorten können große Mengen an Mineralien und Spurenelementen speichern. Diese Pflanzen findet man oft in großen Mengen auf besonders kargen Böden, weil sie es am besten verstehen, mit einem geringen Nährstoffangebot klarzukommen. Nesseln weisen z. B. darauf hin, dass der Boden viel Phosphor enthält, während Klee am besten in stickstoffarmer Erde wächst. Auch wenn diese Pflanzen zunächst einen Großteil der Nährstoffe aufnehmen, wird das meiste doch wieder an die Erde zurückgegeben. Wenn Sie diese Pflanzen also als Gründüngung anbauen,

Buchweizen ist sehr guter, schnell wachsender Gründünger. Harken Sie die Pflanzen unter, bevor sie Samen bilden.

holen Sie zunächst kostbare Mineralien aus dem Boden, doch durch das Kompostieren der Pflanzen werden die Mineralien wieder in die Erde abgegeben. Sie sollten nur einjähriges Unkraut für die Gründüngung verwenden, mehrjährige Sorten sind schwerer zu vernichten.

Mineralien-Speicher

Mineral	Nutzen	Quelle
Kalium	• Unterstützt das Wachstum von Blüten und Früchten	• Wird in vielen Pflanzen gespeichert, u. a. in Vogelmiere, Chicorée, Gänsefuß, Wegerich, Gartenmelde und Wicke
Kalzium	• Unterstützt die Entwicklung der Zellwände der Pflanzen	• Buchweizen, Ringelblume, Löwenzahn, Gänsefuß, Melonen, Portulak und Ringelblume
Kieselerde	• Stärkt die Widerstandskräfte gegen Krankheiten	• Wird aktiviert durch Wegerich, Brennnesseln und Schachtelhalm
Phosphor	• Für gesundes Wurzelwachstum	• Gänsefuß, Ringelblume, Portulak und Wicke
Stickstoff	• Für gesundes Blattwachstum	• Wird aus der Luft aufgenommen, am besten in Hülsenfrüchten gespeichert, fette Setzlinge bei erstem Wachstumsschub einarbeiten
Schwefel	• Stärkt die Widerstandskräfte gegen Krankheiten	• Gespeichert in Gewächsen der Zwiebelfamilie, Kohlgewächsen, Gänsefuß und Gartenmelde

Schritt 2:
Kompost selbst herstellen

Kompost selbst zu machen bringt gleich mehrere Vorteile: Abfallvermeidung, Kostenersparnis und die Gewissheit, dass keine giftigen Chemikalien, Schädlinge oder Krankheiten darin enthalten sind. Sie müssen ein paar Grundregeln befolgen, dann ist Kompostherstellung ganz einfach.

Kompost

Kompostieren ist die beschleunigte Verrottung von einst lebender Materie. Organische Abfälle werden in eine braune, erdähnliche Substanz umgewandelt, die angenehm riecht und leicht zu verwenden ist. Diese Substanz ist reinster Dünger und sofort für die Pflanzenwurzeln verfügbar. Man läuft nicht Gefahr zu überdüngen oder ein Ungleichgewicht zu schaffen, wie es oft bei der Verwendung von chemischem Dünger der Fall ist. Darüber hinaus tragen die vielen Mikroorganismen, die das Material zu Kompost abgebaut haben, auch zur Fruchtbarkeit des Bodens bei.

Durchgesiebter Kompost von einem bereits bestehenden Haufen ist das beste Aktivierungsmittel.

Stallmist und andere organische Stoffe sollten vor der Verwendung unbedingt kompostiert werden. Ausnahmen sind saubere, im Handel erhältliche Mulche und sauberes Stroh. Frischer Mist enthält lösliche Nährstoffe, die für ein gesundes Wachstum zu intensiv sein können. Wenn man Mist aufschichtet und immer wieder umgräbt,

kompostiert er. Nach dem Kompostieren verliert der Mist nicht so schnell seine Fruchtbarkeit und ist besser für die Pflanzenwurzeln. Aus diesem Grund sollten Sie nur gut verrotteten Stallmist verwenden. Gartenkompost ist allerdings immer vorzuziehen, da der Komposthaufen aus einer Vielzahl an Stoffen besteht und grundsätzlich mehr wertvolle Nährstoffe enthält als Mist.

Da beim Kompostieren die meisten Nährstoffe in nicht lösliche Form verwandelt werden, werden sie auch nicht bei starkem Regen ins Grundwasser gewaschen. Doch nach und nach entweichen die Nährstoffe, daher müssen Mist- und Komposthaufen immer abgedeckt werden.

● Kompost selbst herstellen

Es gibt mehrere Methoden, Kompost herzustellen, aber alle basieren auf den gleichen Prinzipien:
- Den besten Kompost erhält man, wenn organische Stoffe gut gemischt und feucht gehalten werden. Auch die Belüftung ist wichtig.
- Idealerweise sollte man etwa die gleiche Menge an trockenem und frischem Material verwenden. Zu viel Trockenheit oder Feuchtigkeit ergibt schlechten Kompost.
- Meistens muss beim Vermischen Wasser zugegeben werden, da viele Materialien zu trocken sind.
- Ein Kompoststarter ist nicht nötig, kann aber den Prozess beschleunigen, wenn er beim Mischen dazugegeben wird. Anstatt chemischer Zusätze sollten Sie Urin oder Hühnermist verwenden. Sie können auch Seetang, Blut, Fisch- oder Knochenmehl nehmen. Am besten sind übrigens gesiebte Reste eines alten Komposthaufens. Wenn Sie zum ersten Mal einen Komposthaufen machen, besorgen Sie sich Reste von einem erfahrenen Gärtner.

Problembehandlung

Problem	Lösung
Zu nass	Geben Sie Stroh oder anderes trockenes Material dazu.
Zu trocken	Geben Sie Wasser, frischen, nassen Mist oder frisch geschnittenes Gras hinzu.
Trocken und mit einer weißen Schicht überzogen	Geben Sie eine Wasser-Urin-Mischung hinzu, dadurch gelangen Feuchtigkeit und Stickstoff in den Kompost.

Wann man Kompost verwendet

Frischer Kompost kann beim Einpflanzen von Bäumen und Sträuchern unter die Erde gemischt werden, selbst wenn er noch nicht reif ist. Wenn der Kompost aber als Oberflächendüngung oder beim Einsetzen von kleineren Pflanzen verwendet wird, sollte er gut gereift und durchgesiebt sein. Reste können für den nächsten Komposthaufen verwendet werden. Auf jeden Fall verwenden Sie Kompost und gut verrotteten Mist am besten im Frühjahr, wenn die Pflanzen wachsen und Nährstoffe aufnehmen. Im Winter entweichen diese in die Erde.

● Zudecken des Komposthaufens

Um Regen abzuhalten und Wärme zu speichern, deckt man den Komposthaufen am besten mit ein oder zwei Plastikplanen ab. Zum Schutz gegen Kälte können Sie auch einen alten Teppich darauflegen. Bei extremer Kälte sollten Sie auch die Seiten isolieren, die ansonsten besser offen bleiben, damit der Haufen be- und entlüftet wird. Die Oberfläche des Komposthaufens muss immer zugedeckt sein, damit der Kompost zum Durchsieben austrocknen kann und keine Nährstoffe entweichen.

Kompostbehälter aus Holz sorgen für Belüftung von allen Seiten. Bei vielen Modellen kann man an einer Seite Latten entfernen, um an den Kompost zu gelangen.

Kompostbehälter aus Holz, Maschendraht oder Ziegelsteinen mit ca. 1 m³ Inhalt sind ausreichend groß für einen Garten.

Gras, Urin und Mist können hinzugegeben werden, um die Rotte in Gang zu bringen. Wenn der Kompost nass und schleimig ist, mischen Sie Papier oder Pappe (ohne Folie) unter. Das Umsetzen geht leichter in einer Tonne, die erhöht steht, aber dafür ist das Auffüllen schwieriger. Rotierende Kompostbehälter funktionieren nur mit weichen Materialien.

● **Wann ist der Kompost reif?**

Wenn der Haufen gut isoliert ist und nur weiches, frisches Material enthält, kann der Kompost im Sommer in weniger als einem Monat fertig sein. Wenn er langsam in einer schlecht isolierten Tonne aufgeschichtet wird, dauert der Prozess etwa drei Jahre.

● **Reifung des Komposthaufens**

Um zu prüfen, ob der Kompost „arbeitet", steckt man eine Stange mitten in den Haufen. Das schadet nicht, zeigt Ihnen aber, ob die Rotte in Gang ist. Wenn die Stange herausgezogen wird, muss sie dampfen. Wenn der Kompost mindestens zweimal umgesetzt wurde und richtig gekocht hat, können Sie ihn sechs Monate reifen lassen. Dann ist er für den Gebrauch fertig. Wenn Sie ihn länger reifen lassen, mineralisieren ihn die Würmer. Das macht ihn ergiebiger, aber die Menge verringert sich. Ein solcher Kompost eignet sich besonders als Topferde.

● **Kompost umsetzen oder nicht?**

Es ist besser, den Komposthaufen umzusetzen (d. h. umzuschichten) und neu zu vermischen, besonders wenn er klein ist. Etwas frisches

Kleine Komposter

	Vorteile	Nachteile
Aus Plastik	Oft kostenlos von der Stadt zu bekommen	Meistens zu klein und schlecht isoliert, ökologisch nicht ganz unbedenklich, sehr hässlich
Aus Holz	Sehen ästhetisch aus	Leicht selbst zu bauen, teuer, da sie nach ein paar Jahren verrotten, zu klein und schlecht isoliert

Kompostbehälter

Es gibt verschiedene Arten von Kompostbehältern auf dem Markt. Die meisten sind klein und in ihnen werden kaum die hohen Temperaturen erreicht, die für wirklich guten Kompost notwendig sind. Es sei denn, man schafft zusätzliche Isolierung.

Einfache Konstruktionen aus Holz, Maschendraht oder Ziegelstein mit etwa 1 m³ Inhalt sind ausreichend und wesentlich billiger. Ich bevorzuge alte Paletten, die ich an den Ecken zusammenbinde. Streichen Sie den Behälter nicht mit Teeröl, das verlangsamt den Kompostiervorgang. Ein Deckel hält Regen fern, aber ein alter Teppich und eine Plastikplane eignen sich besser, um Wärme zu speichern. Sie verhindern außerdem, dass oben Unkraut sprießt.

● **Im kleinen Garten**

Für einen kleinen Garten eignet sich eine Komposttonne besser als ein Komposthaufen, den man nicht so gut verstecken kann wie in einem großen Garten. Bauen Sie sich mithilfe von Maschendraht und vier Pfählen einen Behälter. Im Idealfall sollte die Vorderseite entfernbar sein, sodass Sie ganz leicht an den Kompost herankommen.

In Behältern aus Holzlatten sieht der Komposthaufen immer ordentlich aus. Man kann diese recht einfach aus gebrauchten Paletten oder Holzbrettern bauen. Oder Sie lassen sich vom Schreiner die Holzlatten zurechtschneiden.

Einige Kompostierer werden mit Holzdeckel geliefert. Falls nicht, denken Sie daran, den Behälter mit einem alten Teppich und einer Plastikplane abzudecken, um die Wärme zu erhalten und den Kompost vor Regen zu schützen.

Zylinderförmige schwarze oder grüne Plastikkompostierer mit einem Fassungsvermögen von 220 bis 300 Litern stellen eine ordentliche und praktische Alternative zum Komposthaufen dar. Besitzer von kleinen Gärten haben oft das Problem, dass sie gar nicht genug Material

haben, um einen ausreichend großen Komposthaufen zu bauen. Dadurch wird nie die richtige Temperatur für die Rotte erreicht. Zwei kleine Tonnen sind in diesem Fall besser. Füllen Sie eine Tonne auf und lassen Sie den Kompost eine Weile ruhen. Mischen Sie ihn durch und geben Sie ihn dann in die zweite, zusätzlich isolierte Tonne. Dort kann er weiter verrotten, während Sie die erste Tonne wieder mit frischem Material auffüllen.

Für den kleinen Garten eignen sich Plastiktonnen mit einem Fassungsvermögen von 220 bis 300 Litern.

Fertigbehälter

Mithilfe von Dichtungsmasse für Dachrinnen und pechhaltiger Farbe können Sie einen alten Kühlschrank oder Gefrierschrank in einen wirklich „heißen" Kompostierbehälter umbauen. Dieser perfekt isolierte Behälter hält den Kompost extrem heiß. Das Ganze funktioniert gut, wenn der Kompost entleert und gemischt wird, sodass genug Sauerstoff eindringen kann. Dieser Kompost ist flüssiger und wird verdünnt eingesetzt.

Material zum Kompostieren

Der Kompostierprozess baut schnell fast alle in der Natur vorkommenden Stoffe ab, einschließlich alter Kleidung aus Naturmaterialien und nasser Zeitungen. Größere Holzstücke, Knochen und Fett brauchen länger und sollten zerkleinert werden. Trockene Zweige kann man kompostieren, wenn man sie zerkleinert und mit anderen stickstoffhaltigen Materialien wie frischem

Mist mischt. Zweige mit Dornen verbrennen Sie besser. Pflanzen mit Samen gibt man in die Mitte des Haufens oder man verbrennt sie. Schädliches Unkraut kann man vernichten, indem man es erst auf einer Plastikplane verwelken lässt und dann unter den Kompost mischt. Sie können Unkraut und Samen ein oder zwei Monate in eine Wassertonne legen, bevor Sie diese zum Kompost geben. Krankes Pflanzenmaterial kann kompostiert werden, aber nur, wenn Sie sicher sind, dass Ihr Komposthaufen eine gute Rotte hat. Sonst ist es besser, diese Materialien zu verbrennen.

Laubkompost

Die Blätter von Laubbäumen können über den Winter ganz ohne Zusätze zu wertvollem Laubkompost verrotten.

Ein einfacher Behälter aus Maschendraht genügt vollkommen: Der Draht wird zwischen vier in den Boden gerammte Pfähle gespannt, fertig ist das perfekte Behältnis für den Laubkompost.

Als schnelle und platzsparende Alternative können Sie die Blätter auch in Plastiksäcke geben, in die Sie ein paar Luftlöcher bohren. Die Säcke müssen oben zugebunden werden und bis zum folgenden Frühling an einem Ort gelagert werden, wo sie nicht im Weg sind. Dann hat sich das Laub zu hochwertigem Laubkompost abgebaut. Laub, das im Freien gelagert wird, braucht übrigens länger für den Abbau.

Rechen Sie im Herbst das Laub zusammen und lassen Sie es zu Laubkompost verrotten. Oder Sie geben es gleich auf den Komposthaufen.

Kompostmaterialien

Material	Kompostiergeschwindigkeit	Anmerkungen
Adlerfarn	Mittel	Nicht verwenden, wenn Sporen sichtbar sind
Beinwellblätter	Schnell	
Freilandpflanzen	Langsam	
Frisches Gras	Schnell	Gut vermischen
Gemüsestiele, hart	Mittel	Klein schneiden
Heckenschnitt, holzig	Langsam	Zerkleinern
Heckenschnitt, weich	Mittel	Hoher Mineraliengehalt
Hühnermist	Schnell	Hoher Stickstoffanteil
Krautartige Pflanzen	Mittel	
Laub	Langsam	
Meeralgen	Schnell	Fügen Spurenelemente hinzu und unterstützen den bakteriellen Abbau
Nesseln	Schnell	Guter Aktivator
Obst- und Gemüsereste	Mittel	
Pappe	Langsam	
Rhabarberblätter	Mittel	
Schnittblumen	Mittel	
Stroh, alt	Langsam	Gut einweichen
Tee- und Kaffeesatz	Mittel	
Tiermist	Mittel	Sehr fruchtbar
Unkraut, einjährig	Schnell	Nur bei extrem heißem Kompost mit Samen dazugeben
Unkraut, mehrjährig	Mittel	Unkraut abtöten, bevor es auf den Kompost kommt
Zeitungspapier	Langsam	Nimmt Flüssigkeit auf

Achtung: Glas, Plastik und Metall bauen sich nicht ab und sollten daher niemals auf den Komposthaufen gegeben werden!

Auch wenn es manche Leute bei dem Gedanken schaudert: Es ist sinnvoll, Urin zu recyceln, sofern es nicht gesetzlich verboten ist. In einem moderaten Klima bestehen keine gesundheitlichen Bedenken. Es ist eine große Verschwendung, diese reichhaltige Nahrungsquelle mit viel Wasser in die Kanalisation zu spülen.

Sammeln Sie Urin in einem Eimer. Er kann als „Impfstoff" für den Kompost verwendet werden. Oder Sie verdünnen Urin mit 20 Teilen Wasser und düngen damit abends den Rasen. Er wird es Ihnen mit üppigem Wuchs danken.

Nesseln sind ausgesprochen nützlich: Sie ziehen nützliche Insekten an und kompostieren sehr schnell.

Laub, das über mehrere Monate in Plastiksäcken gelagert wird, baut sich zu fruchtbarem Laubkompost ab.

Unkraut und Samen können ein bis zwei Monate in einer Wassertonne liegen, bevor sie auf den Kompost kommen.

Kompostieren leicht gemacht

Die oftmals größte Schwierigkeit beim Kompostieren besteht darin, dass man sehr viel Material braucht, damit der Kompost richtig arbeitet. Je größer der Haufen ist, umso mehr Hitze entsteht und umso besser wird der Kompost.

Ich mache Folgendes: Anstatt ewig lange Material zu sammeln, gebe ich es sofort auf den Boden und lasse die Hühner darauf herumlaufen, bis es flach getreten ist. Dann schabe ich es vom Boden ab und gebe es in den Kompostbehälter. Wer keine Hühner hat, gibt das Material am besten in Plastiksäcke, bis es so weit abgebaut ist, dass es sich leicht vermischen lässt. Die meisten Gärtner geben das Material Schicht für Schicht in den Behälter und mischen es durch, wenn sich genug angesammelt hat.

Der Kompost wird noch besser, wenn der Haufen nach einer Woche neu geschichtet und dabei das Innere nach außen gekehrt wird. Wiederholen Sie diesen Vorgang noch einmal nach sieben Tagen. Jede Umsetzung vermischt die Materialien und lässt Sauerstoff hinein, wodurch die Rotte beschleunigt wird. Quetschen Sie den Kompost nicht zusammen, das hat genau die gegenteilige Wirkung.

Wenn Sie nie genug Material für einen traditionellen Komposthaufen haben, gibt es Alternativen: Sie können sich mit Ihren Nachbarn zusammenschließen und abwechselnd einen Haufen machen. Eine andere Möglichkeit ist die Gruben-Kompostierung: Sie graben eine Grube in die Erde und geben das Material hinein. Bedecken Sie jede Schicht mit etwas Erde. Wenn die Grube voll ist, graben Sie eine zweite und füllen diese, während Sie den Kompost aus der ersten Grube ein bis zwei Jahre für stark zehrende Pflanzen wie Kürbis, Zucchini, Stangenbohnen und Kartoffeln verwenden.

Wurmkompost

Dies ist eine Möglichkeit, auch im Winter Haushaltsabfälle zu verwerten, wenn alles auf dem Komposthaufen nur langsam verrottet. Die Abfälle müssen zerkleinert werden und in kleinen Portionen in eine große Kiste gegeben werden, in der die Kompostwürmer leben. Sie können die Würmer kaufen oder aus dem Mist- oder Komposthaufen holen. Sie leben auch unter Holzplanken und alten Teppichen, die auf der Erde liegen.

Geben Sie eine Schicht Torf oder Laubkompost in die Kiste und setzen Sie die Würmer darauf. Stellen Sie die Kiste an einen warmen Ort (zum Beispiel in die Garage). Die Kiste muss Luftlöcher im Deckel und Abflusslöcher (mit Auffangbecken) im Boden haben, da sich beim Kompostieren Flüssigkeit bildet. Diese Flüssigkeit ist verdünnt ein guter Dünger. Die Würmer verwandeln die Abfälle in fruchtbares Material, das sich besonders für stark zehrende Pflanzen und zum Umtopfen eignet.

Die Würmer sterben, wenn sie ausgegraben werden. Sieben Sie das Material also vorsichtig durch und geben Sie die Würmer wieder in die Kiste. Die Würmer können nur kleine Mengen kompostieren. Diese Methode eignet sich daher für kleine Haushalte oder in Kombination mit einem Komposthaufen. Geben Sie den Würmern nur wenig Zitrusfruchtschalen und Milchprodukte.

Schritt 3:
Chemikalien vermeiden

Die konventionelle Abhilfe gegen Schädlinge und Krankheiten ist der Einsatz von Sprühmitteln, die Pflanzen und Böden in chemischen Giften förmlich ertränken. Biogärtner versuchen, Angriffe auf Pflanzen im Keim zu ersticken, indem sie natürliche Kontrollsysteme nutzen. Pestizide – selbst biologische – sind nur im größten Notfall erlaubt.

Schädlinge und Krankheiten in Schach halten

Ziel des Biogärtners ist die Eindämmung, nicht die Ausrottung. Der Gärtner macht den Schädlingen und Krankheiten das Leben schwer, sodass Pflanzen gedeihen können. Ziel des Biogärtners ist, dass Schädlinge und Krankheiten sich nie so weit ausbreiten, dass er Bio-Pestizide einsetzen muss. Stattdessen werden viele verschiedene Pflanzen angebaut, um ein stabiles Ökosystem zu schaffen, das natürliche Feinde und Parasiten anzieht.

Das Ziel des Biogärtners ist die Eindämmung, nicht die Ausrottung.

● Der Anbau gesunder Pflanzen

Das Hauptziel des Biogärtners ist es, gesunde Pflanzen zu haben, die gegen Befall resistent sind und einen Angriff von Schädlingen ebenso aushalten wie ein gesunder Mensch eine Erkältung abschüttelt.

Die größte Beeinträchtigung ihres Wachstums erfahren Pflanzen meist durch falsches Wässern. Ausgetrocknete Pflanzen sterben ab, aber auch kurz vor dem Verwelken ist ihr Wachstum bereits erheblich beeinträchtigt. Zu viel Wasser kann genauso problematisch sein, besonders wenn es auch noch kalt und dunkel ist. Topfpflanzen werden genauso oft durch Überwässern im Winter und Frühling krank wie durch Trockenheit im Sommer. Luft und Licht spielen ebenfalls eine große Rolle.

● Pflanzen brauchen Platz!

Pflanzen Sie niemals zu dicht. Wuchernde und holzige Pflanzen müssen beschnitten oder zusammengebunden werden, damit sie genug Licht und Sauerstoff bekommen und damit nützliche Fressfeinde an sie herankommen.

Organische Pestizide

Der Biogärtner verwendet nicht gerne giftige Substanzen, es sei denn, es geht um die Rettung einer wertvollen Ernte. Sie sind der letzte Ausweg, wenn alle anderen Mittel versagt haben. Aber Sie müssen aufpassen, dass Sie dabei nicht Ökosysteme, die über einen langen Zeitraum entstanden sind, aus dem Gleichgewicht bringen. Befolgen Sie immer die Packungsanweisungen und bewahren Sie die Mittel sicher auf.

Pestizid	Vorteile	Nachteile
Insektentötende Seife	• Das beste organische Pestizid, wirkt sogar noch besser als Schmierseifenlösung.	• Wirkt nicht bei größerem Insektenbefall
Kupferkalkbrühe	• Anorganische Chemikalie, die unter biologischen Standards erlaubt ist, da sie unschädlich ist • Wirkt gegen Kartoffelfäule und andere Pilzkrankheiten.	• Wirkt nur als Vorsorge, nicht als Abhilfe, muss sehr genau und rechtzeitig angewendet werden
Pyrethrum	• Tötet viele schädliche Insekten, auch kleine Raupen	• Tötet auch Nützlinge wie Marienkäfer, nur verwenden, wenn großer Schaden droht
Quassia-Lösung	• Wird aus Baumrinde gewonnen, für Insekten tödliches Kontakt- und Fressgift mit langer Wirkungsdauer	• Tötet auch Nützlinge
Schmierseife	• Bewährtes Mittel gegen Blattläuse, rote Spinnmilben, Mehlwürmer, Schildläuse u.a.	
Schwefel	• Reiner Schwefel ist erlaubt, um Echten Mehltau auf Obst, Gemüse und Blumen zu bekämpfen. Außerdem verhindert er die Fäulnis von Blumenzwiebeln und Knollen im Winter.	• Vorsichtig anwenden bei Obstbäumen und Sträuchern, manche Pflanzen reagieren allergisch auf Schwefel • Packungsanweisungen genau beachten.

● Hygiene

Sie sollten Ihren Garten auf jeden Fall regelmä-ßig inspizieren und – wenn nötig – ganz schnell handeln. Entfernen Sie infizierte Pflanzen sofort, das reduziert weiteren Schädlings- und Krankheitsbefall. Das Abknipsen von erkrankten Pflanzenspitzen dämmt zum Beispiel Blattlausbefall bei Dicken Bohnen ein. Sie sollten Gartenscheren, -sägen und -messer mit medizinischem Alkohol sterilisieren, damit Sie damit keine anderen Pflanzen infizieren.

Achten Sie darauf, dass Sie keine Probleme durch neu gekaufte Pflanzen, Mist oder schmutziges Werkzeug schaffen. Isolieren Sie neue Pflanzen ein bis zwei Wochen lang.

Seien Sie aber nicht zu pingelig: Ein gewisses Maß an Schädlingsbefall ist sogar notwendig, um nützliche Fressfeinde zu erhalten. Der Hauptgrund für Ernteausfälle ist übrigens schlechtes Wetter und nicht Schädlingsbefall. Weitere Gründe sind zu dicht gesetzte Pflanzen und unzureichende Unkrautkontrolle. Dann erst kommen die Schädlinge als Verursacher von Missernten. Von den Schädlingen sind übrigens Vögel die schlimmsten! Die meisten anderen Schädlinge und Krankheiten kommen eher selten vor und richten in der Regel keinen großen Schaden an.

● Schneller Eingriff

Zusätzlich zu der Schaffung von sich selbst regulierenden Systemen müssen Sie von Zeit zu Zeit direkt eingreifen – je schneller das geschieht, desto effektiver ist die Wirkung.

Sie sollten sich dabei immer auch Gedanken über die Kosten eines Eingriffs machen im Hinblick auf Arbeitskraft, Zeit und Geld, und die Kosten in Relation zum angestrebten Ergebnis setzen. Ein Beispiel: Flohkäfer fressen Löcher in Radieschen- und Kohlsetzlinge. Um dem abzuhelfen, sollten Sie den Boden feucht halten. Das Besprühen der Pflanzen hingegen kostet unter Umständen mehr als die ganze Radieschenernte wert ist.

Blühende Hauswurzpflanzen vor goldenem Mutterkraut, blühender Petersilie und Rosmarin. Dekorative Kräuter kann man gut zusammen mit Zierpflanzen anbauen.

Grundsätze der biologischen Schädlingsbekämpfung

Eingesetzte natürliche Feinde werden schon seit einiger Zeit kommerziell verwendet. Inzwischen bekommt man sie im Gartencenter. Viele Schädlinge bekämpft man, indem man sie mit Parasiten bespritzt. Der Parasit ist häufig ein mikroskopisch kleiner Wurm (Fadenwurm). Damit das funktioniert, muss die Erde warm und feucht sein. Die meisten Methoden der biologischen Schädlingsbekämpfung eignen sich eher fürs Gewächshaus, wo die Schädlingskontrolle schwieriger ist, weil die natürlichen Feinde fehlen. Wenn die Parasiten einmal eingeführt sind, muss man sofort wieder damit aufhören. Am besten setzen Sie sie am Anfang der Saison ein, sobald die Schädlinge da sind, sonst verhungern die Parasiten. Lesen Sie die Packungsbeilagen und halten Sie sich an die Anweisungen.

Am häufigsten kommen die natürlichen Feinde gegen Mottenschildläuse, rote Spinnmilben, Blattläuse und Schmierläuse zum Einsatz.

Biologische Abwehr

Schädling	Natürliche Feinde
Blattläuse	Treibhaus: Wenn die Temperatur über 10° C gestiegen ist, führen Sie *Aphidoletes aphidomyza* (Raubgritze) oder *Aphidius* (Parasitäre Wespe) ein. Garten: Schütten Sie Larven der Florfliege in die betroffenen Pflanzen.
Gewittertierchen	Treibhaus: Setzen Sie ab dem Spätfrühling *Ambleysius* (Raubmilben) ein.
Mottenschildläuse	Treibhaus: Wenn die Temperatur über 10° C gestiegen ist, setzen Sie beim ersten Schädlingsbefall *Encarsia formosa* (Parasitäre Wespe) ein.
Raupen	Treibhaus: Setzen Sie am Abend *Bacillus thuringiensis* (Bakterien) ein.
Reben-Rüsselkäfer	Treibhaus: Wenn die Temperatur des Komposts über 12° C gestiegen ist, setzen Sie *Heterorhabditis megidis* oder *Steinernema carpocapsae* (Pathogener Fadenwurm) ein. Garten: Wenn die Temperatur in der Erde über 12° C gestiegen ist, setzen Sie den Pathogenen Fadenwurm ein.
Rote Spinnmilben	Treibhaus: Wenn die Temperatur mehr als 16° C beträgt, setzen Sie beim ersten Anzeichen von Befall *Phytoseiulus persimilis* (Raubmilben) ein.
Schildläuse	Treibhaus: Wenn es wärmer als 14° C ist, setzen Sie *Steinernema* (Fadenwurm) oder *Metaphycus helvolus* (Parasitäre Wespe) ein.
Schmierläuse	Treibhaus: Setzen Sie *Cryptolaemus montrouzieri* (Raub-Marienkäfer) bei großen Pflanzen und *Hypoaspis miles* (Raubmilben) bei kleinen Pflanzen ein. Die Temperatur muss über 11° C betragen.
Schnecken	Treibhaus: Bei Temperaturen über 5° C setzen Sie alle sechs Wochen *Phasmarhabditis hermaphrodita* (Pathogener Fadenwurm) ein.
Trauermücken	Treibhaus: Setzen Sie *Hypoaspis miles* (Raubmilben) ein, wenn die Temperatur über 11° C gestiegen ist.

Praktische Vorbeugung

Es gibt einige einfache Methoden, um Schädlinge zu bekämpfen. Diese verursachen kaum Schaden an der Umwelt und manche Utensilien kann man aus wiederverwertetem Material selbst machen.

Viele Schädlinge lassen sich ganz einfach per Hand abpflücken. Sägewespen an Stachelbeeren und Kohlraupen kann man auf diese Weise entfernen. Viele kleine Schädlinge lassen sich zwischen den Fingern zerdrücken. Schnecken und Nacktschnecken kommen an warmen, feuchten Abenden hervor. Da sie immer an den gleichen Stellen auftauchen, können Sie diese mit einer Taschenlampe finden und auflesen. Batteriebetriebene Staubsauger sind ideal zum Aufsaugen von fliegenden Insekten wie Mottenschildlaus oder Flohkäfer. Spritzen Sie mit dem Gartenschlauch Blattläuse und andere Schädlinge von den Pflanzen. Manche werden zurückkehren, aber nicht alle. Diese Technik funktioniert besonders gut in Kombination mit Klebeband (s. S. 42).

Spritzen Sie mit dem Gartenschlauch Blattläuse und andere Schädlinge von den Pflanzen.

● Netze
Obstbäume und Sträucher kann man am besten mit Netzen gegen Schädlinge schützen. Sie können mit jedem Stück Netz einen oder mehrere Zweige schützen. Befestigen Sie die Netze mit Wäscheklammern. Die Netze, in denen Obst und Nüsse verkauft werden, eignen sich übrigens gut für den Schutz einzelner Früchte. Sie können auch ganze Nylonstrümpfe über Sträucher mit langen Zweigen ziehen, z. B. über Johannisbeersträucher. Engmaschige Netze halten Wespen und Vögel fern, können allerdings zu Schimmelbildung oder Grauschimmelpilz führen, wenn sie zu eng an der Pflanze sitzen.

Feinmaschige Netze, Fleece- und Plastikplanen mit Löchern eignen sich zum Fernhalten von Schädlingen von Gemüse und Obst und beugen auch gegen die Möhrenfliege vor. Diese Fliege, die so groß ist wie die Stubenfliege, legt ihre Eier direkt neben den Setzling. Ein Netz hindert sie daran und bietet damit den besten Schutz. Mit den gleichen Methoden kann man auch Kohl vor Wurzelfliegen und Schmetterlingsraupen schützen. Ebenso können Sie durch das Auslegen von Fleeceplanen Vögel von Roter Bete und Salatpflanzen fernhalten.

● Alter Teppich oder Pappe
Die Kohl-Wurzelfliege legt ihre Eier neben den Stängel der Pflanze. Das können Sie verhindern: Schneiden Sie ein etwa 15 cm^2 großes Stück aus einem alten Teppich, aus geteertem Dachfilz oder Pappe aus. Schneiden Sie es an einer Seite bis zur Mitte ein und legen Sie es um den Stängel.

Mit einem alten Teppich kann man auch größere Flächen abdecken und die Schädlinge darunter fangen, wenn sie aus dem Winterschlaf kommen oder sich verpuppen. Dadurch können Stachelbeer-Sägewespe, Himbeerkäfer und Birnengritze abgewehrt werden.

Wenn Sie einen alten Teppich über Nacht auf feuchten Rasen legen, kommen Schnakenlarven und andere Schädlinge hervor. Sie können diese auffegen oder den Vögeln überlassen.

Wenn man einen alten Teppich über Nacht auf feuchtem Rasen auslegt, kriechen Schnakenlarven und andere Erdschädlinge heraus.

● Bänder
Bänder aus Stoff, Teppich oder Wellpappe, die man um Stämme und Stiele bindet, simulieren Baumrinde und ziehen so Insekten an. Sehen Sie sich Ihre Beute genau an: Nützliche Marienkäfer können wieder freigelassen werden, damit sie ihre Arbeit fortführen. Unerwünschte Schädlinge werden vernichtet.

Ein Stück Pappe, Teppich oder geteerter Dachfilz wehrt die Kohl-Wurzelfliege ab. Schneiden Sie die Pappe bis zur Mitte ein und legen Sie diese um den Stängel der Kohlpflanze.

● **Klebrige Brettchen und Fliegenpapier**

Diese eignen sich gut im Gewächshaus, wo sie viele Schädlinge anziehen, vor allem Mottenschildläuse und Gewittertierchen. Unterschiedliche Farben ziehen unterschiedliche Insekten an: Weiß lockt Sägewespen an, Blau Gewittertierchen und Gelb Mottenschildläuse. Sie sind noch wirksamer, wenn man sie mit Pheromon-Duft versieht. Hängen Sie die Brettchen auch in Obstbäume, um Apfelwicklerbefall und Pflaumenmottenangriffe zu verhindern.

● **Wespenfallen**

Wespen sind am Anfang der Saison nützlich, da sie Insekten jagen. Im Spätsommer machen sie sich allerdings über Obst her und sollten gefangen werden. Füllen Sie eine Flasche zur Hälfte mit Wasser und etwas Marmelade. verschließen Sie die Flasche mit Alufolie und machen Sie ein Loch in die Folie, durch das die Wespen hinein- aber nicht wieder herauskönnen. Verwenden Sie die Fallen nicht in der Nähe von Blumen und nehmen Sie keinen Honig, sonst locken Sie auch Bienen an.

● **Ohrwurmfallen**

Viele Insekten kriechen in hohle Bambusröhren und können dann in einen Eimer geblasen werden. Ohrwürmer gehen besonders gerne in Blumentöpfe, die mit Stroh gefüllt und an Stangen festgemacht sind.

> *Ohrwürmer gehen besonders gerne in mit Stroh gefüllte Blumentöpfe, die an Stangen festgemacht sind.*

● Schneckenfallen

Schnecken können durch folgende Hindernisse von ihrem Weg abgebracht werden: Holzasche, Tannennadeln, spitze Steinchen oder Holzspäne. Außerdem klettern Schnecken nicht gerne über Plastikringe (10–13 cm hoch), die Sie aus Plastikflaschen schneiden und um die Pflanzen stellen.

Schnecken können Sie auch in speziellen Schneckenfallen oder Joghurtbechern, die Sie zur Hälfte mit fermentierendem Bier füllen, fangen. Setzen Sie die Gefäße bis zum Rand in die Erde. Nützliche Käfer können hierin allerdings auch ertrinken. Legen Sie deshalb ein paar Stöckchen in den Behälter, an denen die Käfer hinauskrabbeln können. Schnecken sammeln sich auch unter Melonen- oder Orangenschalen.

● Köder

Man kann für viele Schädlinge Köder und Lockmittel einfach selbst herstellen: Dosen oder Joghurtbecher, die mit Kartoffel- oder Möhrenstücken gefüllt und dann in die Erde eingegraben werden, locken Tausendfüßler und Landasseln an. Schnecken kommen, wenn Obst in der Dose ist, und die Larven des Schnellkäfers mögen Kleie oder keimendes Getreide.

● Klebrige Bänder

Klebrige Bänder halten Schädlinge davon ab, an Baumstämmen hochzuklettern. Sie wirken besonders gut gegen die weibliche Wintermotte (sie kann nicht fliegen), gegen Ohrwümer und Ameisen. Ameisen kultivieren Blattlauskolonien, die sie an zarten Setzlingen ablegen und von deren ausgeschiedenem Honigtau sie sich ernähren. Ein klebriges Band reduziert die Blattlausbevölkerung, weil die Ameisen sie nicht versorgen können. Die Bänder können direkt auf die Rinde von alten Bäumen geklebt werden. Bei jungen Bäumen sollten Sie Alufolie darunter geben. Es kann sonst sein, dass Klebstoff unter die Rinde dringt.

1. Wickeln Sie ein Stück Alufolie um den Stamm.

2. Als Nächstes binden Sie das klebrige Band um den Stamm und malen es an.

3. Wickeln Sie ein Stück Wellpappe um den Stamm.

4. Befestigen Sie die Pappe mit Draht. Nützliche Insekten werden einfach abgeschüttelt.

● **Künstliche Gräben**

Graben Sie um Ihre Gemüsebeete 25 cm tiefe und 25 cm breite Gräben. Diese bilden ein effektives Hindernis für Mäuse, Schnecken und andere kleine Tiere.

● **Vogelscheuchen**

Diese psychologischen Abwehrmittel funktionieren immer nur so lange, bis die Vögel sich daran gewöhnt haben. Daher sollten Sie verschiedene Arten verwenden und diese täglich wechseln. Vogelscheuchen, Glitzerbänder aus Aluverpackungen, alte CDs und blitzende, summende Bänder (Video- und Kassettenbänder sind billig) eignen sich dafür. Schwarze Baumwolle, Gartenschlauchschlangen und Papierhabichte erschrecken Vögel nur kurzfristig.

● **Kupferring**

Ein Ring aus Kupferband, der um einen Blumentopf angebracht ist, hält Schnecken fern, weil sie nicht gern darüberkriechen.

● **Nicht erhärtender Klebstoff**

Klebstoff kann Zimmer- und Freilandpflanzen vor dem Rüsselkäfer schützen.

Abschreckung

Oft werden die größten Schäden durch unwissende oder achtlose Menschen angerichtet. Dabei ist die sinnlose Zerstörung oft schlimmer als ein kleiner Diebstahl. Leider muss man heute fast überall Zäune anbringen, besonders wenn man Obstbäume im Garten hat. Schilder wie „Achtung! Wespennest!" wirken oft besser als „Betreten verboten!". Hunde sind gute Wächter, Gänse ebenso.

Gärtners schlimmste Feinde

- **Verzeichnis der häufigsten Schädlinge**

(1) Apfel-Sägewespe

Der Kokon lebt in der Erde und schlüpft im Frühling. Die ausgewachsene Fliege legt ihre Eier in die offene Apfelblüte. Die Larve baut einen Tunnel durch den Apfel und ernährt sich dabei von Fruchtfleisch und Samen. Befallene Früchte fallen frühzeitig vom Baum, reife Früchte haben die typischen Narbenbänder.
- Pflücken Sie befallene Früchte, sobald Sie eine Infektion bemerken, und werfen Sie diese weg.

(2) Apfelwickler

Befällt hauptsächlich Äpfel, Birnen und Quitten. Erwachsene Tiere schlüpfen mitten im Sommer aus dem Kokon und legen ihre Eier an Blätter oder Früchte. Die Raupen bauen Tunnel durch die reifenden Früchte und fressen sich mehrere Wochen durch, bevor sie verpuppen.
- Hängen Sie mit Pheromonen versetzte Fallen mit einer klebrigen Substanz in die Bäume. Das zieht die männlichen Apfelwickler an.

(3) Birnengritze

Die Weibchen legen ihre Eier in die ungeöffneten Blütenknospen. Die Larven schlüpfen in den sich entwickelnden Früchten. Nachdem die Blütenblätter abgefallen sind, werden die Früchte schwarz und fallen vom Baum. Die Maden kriechen in die Erde, um sich zu verpuppen.
- Sammeln Sie alle heruntergefallenen Früchte auf und geben Sie diese auf den Komposthaufen.
- Entfernen Sie alle Früchte, sobald Sie den Befall bemerken.
- Graben Sie im Winter die Erde um die Bäume herum um. Die Kokons kommen an die Oberfläche und werden von Vögeln gefressen.

(4) Blattlaus

Insekt, das in schnell wachsenden Kolonien lebt und sich von Pflanzensaft ernährt. Die Pflanzen werden geschwächt und ihr Wachstum gehemmt. Außerdem übertragen Blattläuse Viruserkrankungen.
- Besprühen Sie die Läuse mit Schmierseife oder insektentötender Seife.
- Pflücken Sie die befallenen Blätter und schneiden Sie befallene Triebe ab.
- Locken Sie natürliche Feinde an – besonders die Schwebfliege.

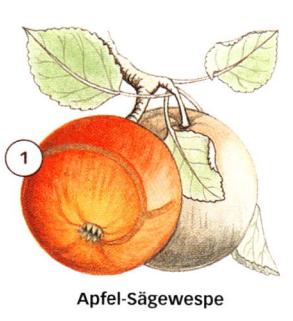

Apfel-Sägewespe

Apfelwickler

Birnengritze

Blattlaus

⑤ Erbsenmotte

Die Raupen leben und ernähren sich in der Erbsenhülse. Mitten im Sommer legen die Motten ihre Eier in den blühenden Erbsenpflanzen ab. Die Raupen fressen sich zu den wachsenden Hülsen durch.

- Säen Sie die Erbsen so aus, dass Sie die Blütezeit im Hochsommer vermeiden.
- Graben Sie im Winter die Erde um, dadurch werden die Raupen gestört.
- Schützen Sie die blühenden Pflanzen mit feinmaschigen Netzen oder Fleece.

⑥ Erbsen-Rüsselkäfer

Frisst einen zackigen Rand in die Blätter. Befällt auch Bohnen. Ist für kräftige Pflanzen kein Problem, aber Jungpflanzen sterben unter Umständen ab. Der Rüsselkäfer überwintert im Laub und die Larven schlüpfen im Sommer aus.

- Schaffen Sie Bedingungen für kräftige Pflanzen.
- Säen Sie Bohnen drinnen und pflanzen Sie diese ins Freiland, wenn sie größer sind.

⑦ Flohkäfer

Greift Kohlpflanzen an, indem er Löcher in die Blätter frisst. Die Käfer überwintern in Pflanzenabfall und unter lockerer Baumrinde.

- Decken Sie die Pflanzen mit feinmaschigen Netzen oder Fleece ab.
- Gehen Sie mit einem klebrigen, eingefetteten Brettchen an den Pflanzen entlang. Die Käfer springen weg, wenn sie gestört werden.
- Sprühen Sie Pyrethrum.

⑧ Große Knospenmilbe

Milben pflanzen sich in den Knospen der Schwarzen Johannisbeere fort. Die Knospen schwellen an und werden rund. Milben übertragen die Blattfallkrankheit (s. S. 51). Diese führt zum langsamen Absterben des Strauchs.

- Entfernen und verbrennen Sie alle geschwollenen Knospen vor dem Frühling.
- Bei starkem Befall schneiden Sie den Strauch ganz herunter und verbrennen alle abgeschnittenen Zweige.

⑨ Himbeerkäfer

Ausgewachsene Käfer fressen im Spätfrühling die Blüten. Die Larven fressen sich in die Früchte und werden oft erst bemerkt, wenn man die Beeren pflückt. Die Puppen überwintern in der Erde in der Nähe der Stützstöcke.

- Harken Sie die Erde im Herbst, damit die Puppen an die Oberfläche kommen und von Vögeln gefressen werden.

Flohkäfer

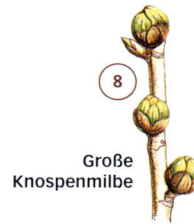

Große
Knospenmilbe

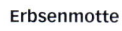
Erbsenmotte

Erbsen-Rüsselkäfer

Himbeerkäfer

⑩ Kohl-Wurzelfliege

Die Larven fressen die Wurzeln, die Pflanzen wachsen nicht mehr und verwelken. Die Fliegen überwintern als braune Kokons in der Erde und kommen heraus, um ihre Eier um die Pflanzen herum abzulegen.

- Ziehen Sie die Pflanzen unter einem engmaschigen Netz oder Fleece. Oder legen Sie Teppichstücke oder Pappe um die Stiele der Pflanzen (s. S. 40).
- Wechseln Sie die Pflanzenreihen mit Bohnen ab, das verwirrt die Schädlinge.
- Graben Sie die Erde im Winter nach dem Schädlingsbefall gut um.

⑪ Larve des Schnellkäfers

Die Larven legen ihre Eier im Gras und in mit Unkraut überwachsener Erde ab. Sie befallen Stiele und Knollen vieler Gemüsearten (u. a. Zwiebel, Kartoffel, Möhre, Erbse und Bohne). Sie sind eher ein Problem auf altem Weideland.

- Graben Sie die Erde regelmäßig um, damit die Larven an die Oberfläche kommen und von Vögeln gefressen werden.
- Fangen Sie die Larven mithilfe von Möhren- oder Kartoffelstücken, die Sie aufspießen und in die Erde geben. Erneuern Sie diese Fallen regelmäßig.

⑫ Möhrenfliege

Die Larven ernähren sich von den Wurzeln der Möhre und anderem Wurzelgemüse. Setzlinge sterben ab und ältere Pflanzen wachsen nicht so gut. Die Larven bauen Tunnel in den Wurzeln. Die Fliegen überwintern in der Erde und in Wurzeln, die im Boden bleiben.

- Säen Sie im Vorfrühling oder mitten im Sommer.
- Decken Sie die Möhren mit engmaschigen Netzen oder Fleece zu. Sie können auch eine Netzbarriere (75 cm hoch) um das Gemüsebeet legen.
- Reißen Sie befallene Pflanzen sofort aus und vernichten Sie diese.

⑬ Mottenlarve

Die Raupen der Motten leben in der Erde und fressen nachts an der Erdoberfläche junge Pflanzen. Sie greifen Stiele und Wurzeln von Gemüse und Erdbeeren an.

- Schützen Sie die einzelnen Pflanzen mit Krägen.
- Harken Sie die Erde regelmäßig im Winter, das bringt die Raupen an die Erdoberfläche, wo sie dann von Vögeln gefressen werden.
- Lesen Sie die Raupen nachts mit der Hand ab.

Larve des Schnellkäfers

Mottenlarve

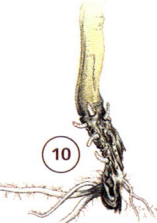

Kohl-Wurzelfliege

Möhrenfliege

⑭ Mottenschildlaus

Kleines Insekt mit Flügeln, das auf den Blättern von Kohlpflanzen lebt. Wenn Mottenschildläuse gestört werden, fliegen sie in einer Wolke davon. Junge Schildläuse bleiben auf den Pflanzen.

- Graben Sie die Winterkohlpflanzen sofort nach der Ernte aus und vergraben Sie diese in der Erde oder auf dem Komposthaufen, bevor Sie neue Pflanzen setzen.
- Entfernen Sie Blätter mit Schildläusen, bevor diese ausgewachsen sind.
- Saugen Sie ausgewachsene Läuse mit einem Mini-Staubsauger ab.
- Besprühen Sie die Pflanzen mit insekten-tötender Seife.
- Setzen Sie im Treibhaus beim ersten Zeichen von Befall *Encarsia formosa* (Parasitäre Wespe) ein.

⑮ Ohrwurm

Ohrwürmer greifen Obstbäume (besonders Apfel-bäume) und Blumen an. Sie fressen allerdings auch die Eier von Apfelwicklern und Wollläusen, daher sollte man sie eigentlich in Frieden lassen.

- Falls sie doch ein Problem darstellen, fangen Sie die Ohrwürmer in mit Stroh gefüllten Blu-mentöpfen, die Sie an lange Stöcke hängen.

Mottenschildlaus

Peitschenwurm

Ohrwurm

⑯ Peitschenwurm

Befällt eine Reihe von Obstbäumen, Gemüse- und Zierpflanzen. Zwiebel- und Lauchblätter schwellen an und verlieren ihre Form, Zwiebeln brechen auf und verfaulen. Der Peitschenwurm überlebt lange in der Erde und es gibt kein Gegenmittel für befallene Pflanzen.

- Verbrennen Sie alle betroffenen Pflanzen.
- Pflanzen Sie auf befallener Erde zwei Jahre lang nur Kohl- und Salatpflanzen.
- Halten Sie den Boden frei von Unkraut.

⑰ Reben-Rüsselkäfer

Die Käfer fressen die Blattränder vieler Pflanzen, besonders Rhododendron und Hortensien. Die fetten weißen Maden greifen die Wurzeln von Topfpflanzen und die Knollen von Zierpflanzen an, die unter Glas wachsen. Die Wurzeln werden in den meisten Fällen komplett zerstört und damit sterben die Pflanzen ab.

- Setzen Sie im Spätsommer *Heterorhabditis megidis* oder *Steinernema carpocapsae* als natürliche Gegenspieler ein (Pathogene Faden-würmer).

⑱ Rote Spinnmilbe

Kommt überwiegend im Gewächshaus vor. Befällt bei großer Hitze aber auch Erdbeeren, Himbeeren und Johannisbeeren. Die Blattunter-seiten werden bronzefarben, ältere Blätter sterben ab oder kräuseln sich. Grüne Milben kann man mit einem Vergrößerungsglas sehen.

- Schneiden Sie nach der Ernte alle Blätter ab.
- Setzen Sie im Treibhaus *Phytoseiulus persimilis* (feindliche Milben) ein.

Reben-Rüsselkäfer

Rote Spinnmilbe

19 Schildlaus

Kleines, flaches Insekt, das sich an die Blätter von Obst- und anderen Bäumen, aber auch an Traubenreben und Zierpflanzen unter Glas hängt. Sie saugen den Saft aus den Blättern und hinterlassen Honigtau, der wiederum die Bildung von schwarzem Schimmel fördert.
- Besprühen Sie die betroffenen Pflanzen mit insektentötender Seife.
- Setzen Sie *Metaphycus helvolus* ein (Räuberische Wespe).

Schildlaus

19

20
Schmierlaus

21
Schnakenlarve

20 Schmierlaus

Kakteen, Sukkulenten und viele andere Pflanzen, die unter Glas wachsen, werden von diesen Läusen angegriffen. Sie sind rosa-grau mit einem weichen Körper. Die Läuse saugen den Saft aus jungen Stielen. Bei schwerem Befall sind die Pflanzen mit Honigtau bedeckt, auf dem sich schwarzer Schimmel bildet.
- Besprühen Sie die Pflanzen mit Pyrethrum.
- Bei Pflanzen, die sich unter Glas befinden, setzen Sie als Gegenspieler *Cryptolaemus montrouzieri* (Marienkäfer) ein.

21 Schnakenlarve

Sie lebt in der Erde und verursacht in erster Linie Probleme in Gemüsebeeten, die auf altem Rasen oder auf sehr unkrauthaltigem Gelände angelegt wurden. Die Larven ernähren sich von den Wurzeln (besonders von Kohlgewächsen).
- Halten Sie den Boden frei von Unkraut.
- Harken Sie regelmäßig und graben Sie die Erde oft um. Dann kommen die Larven an die Oberfläche und werden von Vögeln gefressen.

22 Schwarze Blattlaus

Diese Blattlaus befällt die Spitzen von Dicken Bohnen im Spätfrühling und verbreitet sich von dort auf dem Rest der Pflanze. Das Wachstum wird gehemmt und die Ernte geringer. Dieser Schädling kann auch andere Bohnen, Rote Bete, Mangold und Zierpflanzen befallen.
- Säen Sie winterharte Sorten im Herbst aus, dann sind die Pflanzen im Frühjahr kräftiger und für die Läuse nicht so interessant.
- Zupfen Sie die betroffenen Spitzen ab.
- Besprühen Sie die Pflanzen mit Schmierseife.

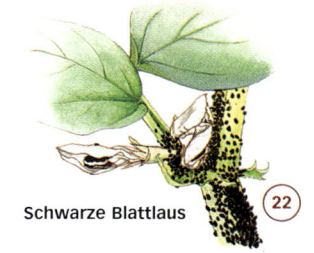
Schwarze Blattlaus
22

(23) Spargelkäfer

Der Käfer und seine Larven ernähren sich vom Spätfrühling an von Blättern und Stielen. Andauernder Befall kann das Wachstum hemmen.
• Räumen Sie im Herbst die alten Pflanzenreste weg, dort überwintern die Käfer.

(24) Weiße Kohlraupe

Große, dicke Raupe, die sich von Blättern ernährt und sich bis ins Herz von Kohlpflanzen und Salatköpfen frisst.
• Lesen Sie die Raupen mit der Hand ab.
• Decken Sie die Pflanzen mit engmaschigen Netzen oder Fleeceplanen ab, sodass die Schmetterlinge ihre Eier nicht an den Blattunterseiten ablegen können.
• Besprühen Sie die Pflanzen mit Bacillus thuringiensis (Bakterium). Es tötet die Raupen, ist aber für Menschen ungefährlich.

(25) Wespe

Wespen sind nur im Hochsommer und Frühherbst bei großer Hitze eine Gefahr, wenn sie sich in großer Zahl über Obst hermachen.
• Hängen Sie Wespenfallen in die Obstbäume.

(26) Wolllaus

Insekt, das Baumstämme, Äste und Zweige befällt. Wollläuse bedecken sich selbst mit einem weißen, wollähnlichen Stoff. Befallenes Holz schwillt an und bricht. So können Baumgeschwüre und andere Krankheiten eindringen. Weiche Gallen entstehen an der Rinde.
• Besprühen Sie die Bäume mit Schmier- oder insektentötender Seife.
• Wenn das nichts hilft, schneiden Sie die befallenen Stellen heraus.

(27) Zwiebelfliege

Diese Fliege befällt Zwiebeln, Lauch und Schalotten. Die Eier werden am Boden nahe der Setzlinge abgelegt und die Maden bohren sich in die jungen Zwiebeln. Die Blätter werden gelb. Entfernen Sie die betroffenen Pflanzen, damit sich das Ungeziefer nicht weiter verbreiten kann.
• Graben Sie im Winter die befallene Erde um, sodass die Larven getötet werden.
• Decken Sie die Setzlinge mit feinmaschigen Netzen oder Fleece ab.

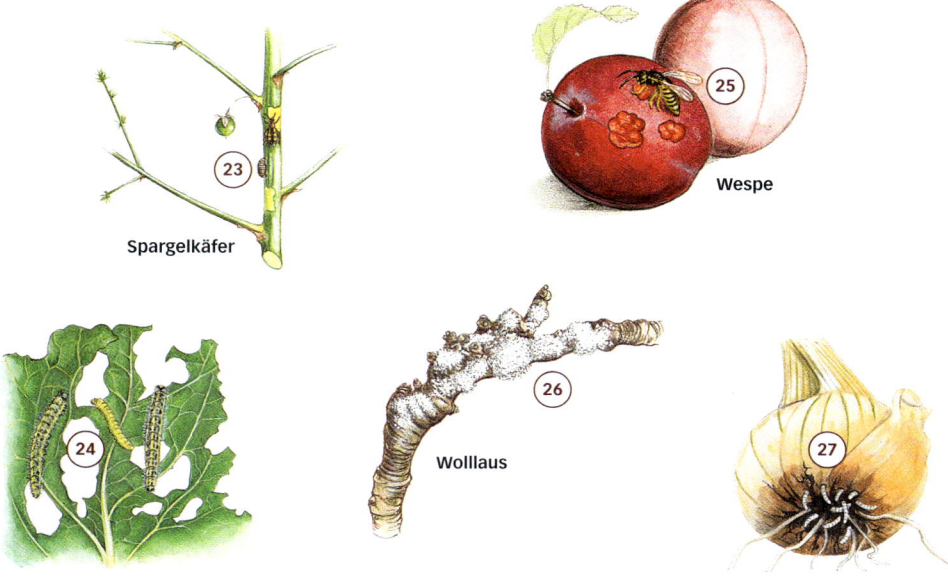

Spargelkäfer

Wespe

Weiße Kohlraupe

Wolllaus

Zwiebelfliege

Gärtners schlimmste Pflanzenkrankheiten

- **Verzeichnis der häufigsten Krankheiten**

(1) Amerikanischer Stachelbeerbrand

Befällt auch Schwarze Johannisbeeren. Es handelt sich um eine weiße, puderige Schicht an Blättern, Trieben und Früchten. Manche Stellen werden braun und verfilzen.

- Pflanzen Sie die Büsche nicht zu dicht und nicht in Erde, die voller Unkraut ist.
- Beschneiden Sie die Pflanzen regelmäßig, sodass Licht und Sauerstoff überall hinkommen.
- Schneiden Sie befallene Triebe ab und verbrennen Sie diese.
- Besprühen Sie die Pflanzen während der Blütezeit mit Kupferkalkbrühe.

(2) Apfelbaum-Geschwür

Zerstörerische Krankheit (befällt auch Pflaumen- und Birnbäume), die tief liegende, verfärbte Flecken an der Baumrinde hinterlässt. Äste schwellen an. Im Sommer erscheinen weiße Pusteln, im Winter rote Fremdkörper.

- Schneiden Sie die betroffenen Äste und Triebe so weit heraus, bis gesundes Holz sichtbar wird. Verbrennen Sie den Abfall.
- Düngen und mulchen Sie die Erde, damit die Bäume gut wachsen und kräftig sind.

(3) Bakterielles Baumgeschwür

Eine Krankheit, bei der die Bakterien in den Blättern leben. Besonders gefährlich für Pflaumen. Längliche Geschwüre an Ästen scheiden Gummi aus, die Blätter haben braune, runde Flecken und die Knospen an betroffenen Ästen öffnen sich nicht. Wenn Blätter wachsen, werden diese gelb und fallen ab, sobald der Ast stirbt.

- Schneiden Sie die betroffenen Stellen heraus und verbrennen Sie diese.
- Besprühen Sie die Bäume im Hochsommer mit Kupferkalkbrühe. Sprühen Sie noch einmal im Frühherbst und einmal mitten im Herbst.

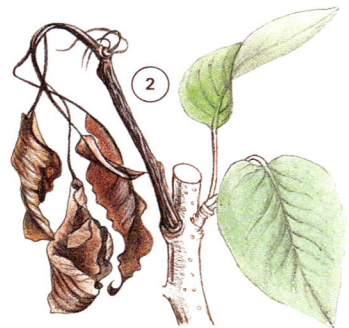

Apfelbaum-Geschwür

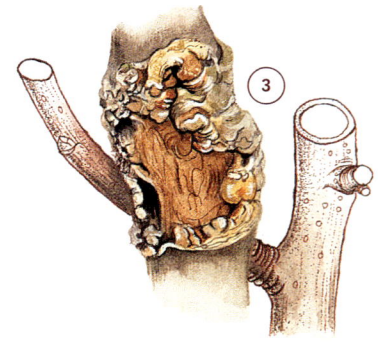

Bakterielles Baumgeschwür

Amerikanischer Stachelbeerbrand

50 **Schritt 3: Chemikalien vermeiden**

(4) Blattfallkrankheit

Wird von Großen Knospenmilben (s. S. 45), die Schwarze Johannisbeeren befallen, übertragen. Ist schwer zu erkennen, die Blätter sind schmaler als normalerweise und haben weniger als fünf Äderchen. Die Blütenknospen sind magentarot anstatt grau. Die Sträucher werden schwach und der Fruchtbestand ist geringer. Es gibt noch kein Gegenmittel.

- Graben Sie betroffene Sträucher aus und verbrennen Sie diese.
- Bauen Sie garantiert biologische Pflanzen an einer anderen Stelle an.

(5) Bleiglanz

Pilzkrankheit, die Obstbäume befällt. Wird durch Sporen verursacht, die in Verletzungen eindringen. Blätter werden erst silbrig und dann braun. Zweige sterben langsam ab und kleine purpurfarbene, weiße oder braune Knubbel entstehen an dem abgestorbenen Holz.

- Schneiden Sie im Sommer alle abgestorbenen Zweige mindestens 15 cm von dem Befall entfernt ab. Im Sommer ist die Chance einer Neuinfizierung am geringsten.
- Sterilisieren Sie Ihr Werkzeug vor und nach dem Gebrauch.

(6) Braunfäule

Bakterielle Krankheit, die Bäume und Sträucher befällt. An abgestorbenen Trieben entstehen Baumgeschwüre und das Holz verfärbt sich rot-braun. Die Blätter werden braun oder sterben ab.

- Schneiden Sie das kranke Holz 60 cm unterhalb der erkrankten Stelle heraus.
- Desinfizieren Sie die verwendeten Werkzeuge.

(7) Fleckige Blätter

Durch Pilze oder Viren verursachte Krankheit. Besonders bei feuchtem Wetter sind viele Pflanzen betroffen. Die Blattoberfläche wird braun und schrumpelig und die Pflanzen werden schwächer.

- Entfernen und verbrennen Sie alle befallenen Blätter.
- Besprühen Sie die Pflanzen mit Kupferkalkbrühe.
- Wenn Kohlgewächse befallen sind, entfernen Sie jede zweite Pflanze zur Verbesserung der Belüftung.
- Verwenden Sie nicht zu viel stickstoffhaltigen Dünger.

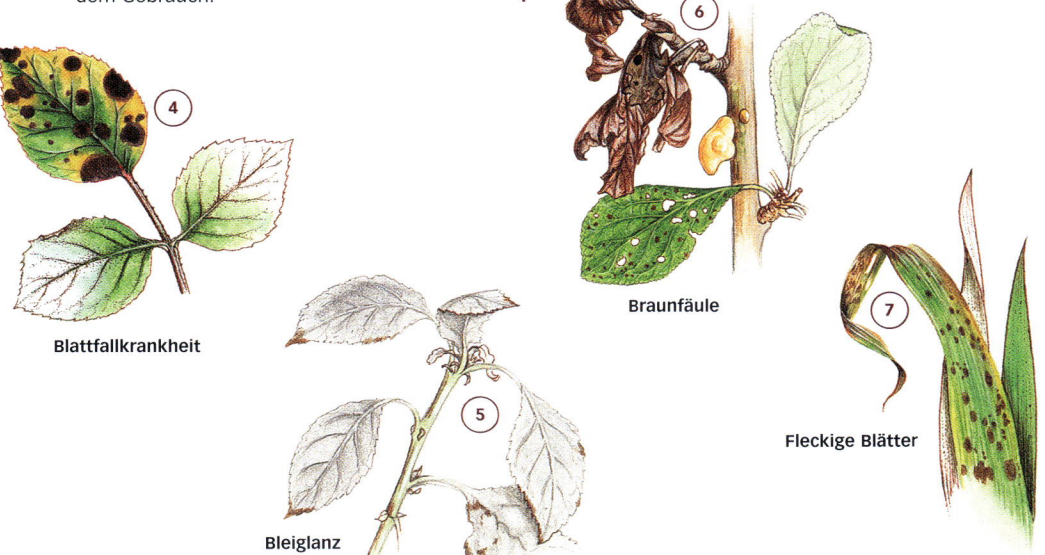

Blattfallkrankheit

Bleiglanz

Braunfäule

Fleckige Blätter

⑧ Grauschimmel-Pilz

Ein verbreitetes Problem im Gewächshaus bei Trauben, Erdbeeren, Gurken, Tomaten und Salatpflanzen. Betroffene Pflanzen werden von einem samtartigen, grau-braunen Pilz bedeckt, der besonders gut in feuchter Kälte gedeiht.

• Entfernen Sie abgestorbene Blätter und überreife Früchte.
• Sorgen Sie für eine gute Belüftung, um die Feuchtigkeit zu reduzieren.
• Wässern Sie die Pflanzen morgens, nicht abends.
• Überwässern Sie die Pflanzen nicht.
• Verwenden Sie nur sehr wenig Dünger.

⑨ Gurken-Mosaik-Virus

Befällt Kürbispflanzen (insbesondere Markkürbise) und wird durch Wollläuse verbreitet. Betroffene Pflanzen wachsen nicht richtig, ihre Blätter sind gekräuselt, gelb gesprenkelt und verlieren ihre Form.

• Zerstören Sie befallene Pflanzen umgehend.
• Fördern Sie natürliche Gegenspieler, z. B. Wollläuse, indem Sie Studentenblumen und Kapuzinerkresse im Gemüsegarten anpflanzen.

⑩ Kartoffel-Braunfäule

Verursacht braune Stellen an den Blättern, besonders bei warmem, feuchtem Wetter. Die Blätter werden braun und sterben ab, die Knollen verfaulen. Verbreitet sich bei feuchten Konditionen sehr schnell.

• Besprühen Sie die Pflanzen bis zur Ernte alle zwei Wochen mit Kupferkalkbrühe.
• Bei schlimmem Befall schneiden Sie die grünen Teile der Pflanzen ab und verbrennen sie.
• Ernten Sie zwei bis drei Wochen später, sodass die Knollen nicht befallen werden.
• Bauen Sie resistente Sorten an.

Kartoffel-Braunfäule

Grauschimmel-Pilz

Gurken-Mosaik-Virus

(11) Kartoffelschorf

Kartoffelkrankheit, bei der die Kartoffeln hässlichen, rauen Schorf auf der Haut bekommen. Kommt meistens bei sandiger Erde vor, die nicht genug organische Materie enthält. Graben Sie ausreichend Humus unter (Kompost oder Dung) und düngen Sie den Boden vor dem Pflanzen nicht mit Kalk.

- Wässern Sie nur, wenn es trocken ist.
- Geben Sie beim Anpflanzen Grasschnitt in die Erde.
- Bauen Sie resistente Sorten an.

(12) Kohlhernie

Eine Krankheit, die überwiegend Kohlpflanzen befällt. Die Pflanzen verwelken und wachsen nicht mehr. Wenn man sie aus der Erde zieht, sind die Wurzeln geschwollen und deformiert. Kohlhernie gedeiht in sauren Böden und kann bis zu 20 Jahre dort verbleiben.

- Graben Sie die betroffenen Pflanzen aus und verbrennen Sie diese.
- Betreiben Sie Fruchtwechsel und pflanzen Sie nie Kohlgewächse in infizierte Erde.
- Düngen Sie die Erde ausreichend mit Kalk.
- Ziehen Sie die Setzlinge in Töpfen.
- Kaufen Sie niemals Setzlinge von unbekannter Herkunft.

Die Kohlhernie zieht sauren Boden vor und hält sich dort bis zu 20 Jahre.

(13) Mehltau

Falscher und echter Mehltau erscheinen als blasser, puderiger Pilzbefall an Blättern, Blüten und jungen Trieben. Er befällt viele Zierpflanzen, einschließlich Rosen. Falscher Mehltau befällt Trauben und Gemüse.

- Entfernen und verbrennen Sie betroffene Blätter.
- Besprühen Sie die Pflanzen mit Kupferkalkbrühe.
- Setzen Sie die Pflanzen nicht zu dicht und vermeiden Sie Feuchtigkeit.

Mehltau

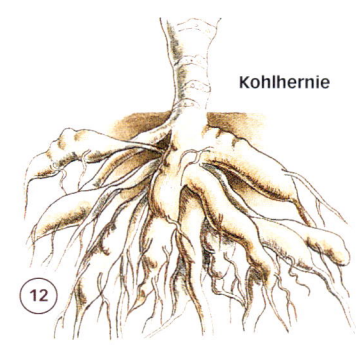

Kohlhernie

Kartoffelschorf

14 Nassfäule

Befällt Steckrüben und Weiße Rüben, besonders bei Nässe. Das Fruchtfleisch verrottet zu einer übelriechenden Masse, während das Äußere intakt bleibt. Kommt meistens bei mit Mist gedüngtem Boden vor, wo das Wasser nicht richtig ablaufen kann.

- Betreiben Sie Fruchtwechsel.
- Sorgen Sie dafür, dass Wasser abfließen kann.
- Halten Sie Schneckenbefall unter Kontrolle, damit die grünen Teile der Pflanzen intakt bleiben, denn die Krankheit dringt durch verletzte Stellen ein.
- Entfernen und verbrennen Sie befallene Pflanzen.

15 Pfirsich-Pilzerkrankung

Bei dieser Krankheit werden die Blätter dick und kräuseln sich. Rote Pusteln, die mit Pilzsporen bedeckt sind, entstehen. Die Blätter fallen vorzeitig ab und der Baum ist geschwächt. Der Pilz überwintert in der Rinde und den Trieben. Die Sporen werden vom Regen übertragen.

- Besprühen Sie die Pflanzen im Spätwinter oder Vorfrühling mit Kupferkalkbrühe.
- Wiederholen Sie den Vorgang nach 10 bis 14 Tagen. Das verhindert, dass die Sporen in die Knospen eindringen.
- Besprühen Sie die Pflanzen noch einmal, kurz bevor sie ihre Blätter verlieren. Schützen Sie Spalierbäume mit Plastikplanen.

16 Pilzerkrankung

Diese Erkrankung wird durch verschiedene Pilze verursacht. Die Setzlinge brechen direkt über der Erde zusammen. Das ist besonders problematisch, wenn die Setzlinge dicht gepflanzt sind oder die Erde nass und kompakt ist.

- Säen Sie in großen Abständen und verwenden Sie sterilisierte Erde oder Kompost.
- Vermeiden Sie Überwässerung.
- Verwenden Sie Leitungswasser (kein Wasser aus Tank oder Tonne, da es möglicherweise ansteckende Organismen enthält).

Pflanzen Sie Rosen an sonnige, offene Stellen und in großem Abstand zueinander, das sorgt für eine gute Belüftung.

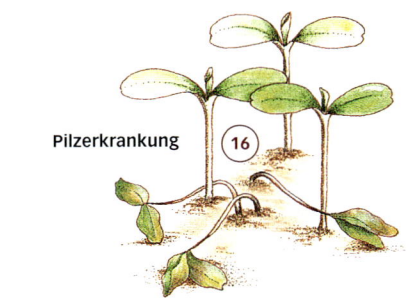

Pilzerkrankung   16

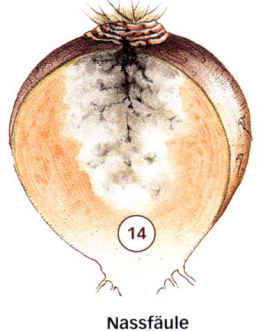

Nassfäule

Pfirsich-Pilzerkrankung

⑰ Rauschbrand

Eine bakterielle Krankheit, die Kartoffeln befällt. Die Blätter werden gelb, die Stiele werden schwarz und sterben ab. Knollen sind auch befallen und entwickeln im Inneren eine braune, schleimige Fäulnis.

- Entfernen und verbrennen Sie betroffene Pflanzen.
- Ernten Sie den Rest, um jegliche Berührung mit den befallenen Pflanzen zu vermeiden.
- Heben Sie keine Knollen für die nächste Aussaat auf.
- Kaufen Sie nur garantiert biologische Saatpflanzen.

⑱ Rostpilz

Befällt viele Pflanzenarten. Blätter und Stiele entwickeln rote, braune oder gelbe Pusteln. Die Blätter welken oft und sterben dann ab. Oft verwelkt die ganze Pflanze.

- Entfernen und verbrennen Sie betroffene Blätter. Bei starkem Befall entfernen Sie die ganze Pflanze.
- Besprühen Sie die Pflanzen mit Schwefel.
- Verbessern Sie im Gewächshaus die Belüftung, um Feuchtigkeit zu verringern und um zu vermeiden, dass Wassertropfen auf den Blättern bleiben.

⑲ Sternrußtau

Verbreitete Pilzkrankheit, die besonders bei nassem und feuchtem Wetter auftritt. Kleine Flecken auf den Blättern verbreitern sich zu großen, abgestorbenen Stellen, die Blätter welken und sterben ab.

- Schneiden Sie die Pflanzen im Herbst stark zurück und verbrennen Sie den gesamten Abfall, um die überwinternden Sporen abzutöten.
- Sammeln Sie im Herbst die abgefallenen Blätter auf und verbrennen Sie diese.
- Mulchen Sie die Erde gründlich.
- Pflanzen Sie die Rosen an sonnige, offene Stellen und in großem Abstand zueinander. Das schafft eine gute Belüftung.

Sternrußtau

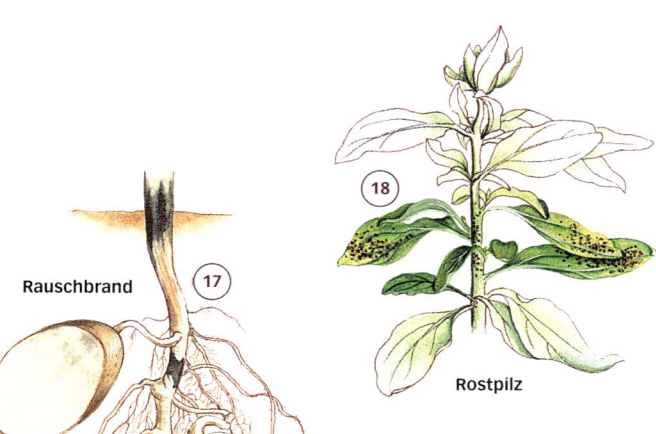

Rauschbrand

Rostpilz

Sterilisieren Sie alle Gartenwerkzeuge vor und nach dem Gebrauch, um eine Ansteckung zu vermeiden.

Unkraut im Biogarten

Ungepflegte Flächen am Boden werden schnell von Unkraut übersät. Das Unkraut verbessert im Laufe der Zeit die Fruchtbarkeit des Bodens und die Erde ist dann für Nesseln, Brombeeren und Baumsetzlinge geeignet. Große Mengen dieser Pflanzen, besonders Nesseln, können auf einen sehr fruchtbaren Boden hinweisen. Pflanzen mit langen Wurzeln wie Ampfer und Disteln sind ebenfalls gut für die Erde, da sie Nährstoffe aus dem Boden holen, die dann beim Anbau von Nutzpflanzen verfügbar sind.

Unkraut wächst dort, wo ideale Bedingungen herrschen:

• Wenn das Unkraut überwiegend aus säure-liebenden Pflanzen wie Gänseblümchen, kleinen Nesseln und Sauerampfer besteht, ist die Erdoberfläche eher sauer.
• Kalkhaltige Erde erkennt man daran, dass Schlüsselblume, Flockenblume und Gänse-fingerkraut wachsen.
• Feuchte Bedingungen ziehen Nesseln, Butter-blumen und Binsen an.
• Viel Ampfer deutet darauf hin, dass auf dem Land entweder Pferde gelebt haben oder mit viel Pferdemist gedüngt wurde. Die Samen des Ampfers wandern unverändert durch die Innereien der Pferde.
• Viele Tomatensetzlinge können auf die Ver-wendung von Klärschlamm hinweisen.
• Hüten Sie sich vor Böden, auf denen wenig Unkraut wächst!

Unkraut sind Pflanzen, die am falschen Ort wachsen.

● „Gutes" und „schlechtes" Unkraut

Unkraut – das sind ganz normale Pflanzen, die am falschen Ort wachsen. Viele Unkrautpflanzen sind äußerst nützlich im Garten, wie etwa Mohn, Mutterkraut und roter Baldrian. Viele so genannte Unkrautpflanzen sind sogar essbar: Vogelmiere- und Löwenzahnblätter schmecken sehr gut im Salat; weißer Gänsefuß, Nesseln und Holunder können wie Spinat gekocht wer-den; die Wurzeln von Löwenzahn, Meerrettich und Wicke sind ebenfalls essbar. In manchen Gärten ist das Unkraut der Überrest einer ur-sprünglichen Flora, der die natürliche Insekten- und Tierwelt erhalten kann. Unkraut repariert und stabilisiert nicht nur die Erde, es kann auch als Minihecke und Windschutz dienen und da-durch zarte Setzlinge schützen. Unkraut muss natürlich unter Kontrolle sein, damit es nicht mit den Nutzpflanzen in Konkurrenz tritt.

Bevor Sie das gesamte Unkraut vernichten, denken Sie daran, dass manche Unkrautpflanzen Bienen, Schmetterlinge und andere Insekten an-ziehen. Wenn Sie also in einer Ecke Ihres Gar-tens etwas Platz haben, sollten Sie Unkraut dort wachsen lassen. Nesseln, Mohn, Kreuzkraut und Löwenzahn locken z. B. nützliche Insekten an.

Unkraut ist auch immer eine reiche Quelle für Fruchtbarkeit. Es produziert Gründünger zu Zeiten, zu denen andere Pflanzen die Erde nicht nutzen. Daher bildet Unkraut im Winter eine wertvolle Pflanzendecke. Unkraut ist auch ein hervorragender Mineralienspeicher, und nach-dem es in die Erde gegraben oder gemulcht wurde, stehen die Mineralien anderer Pflanzen zur Verfügung. Klee und Wicken binden Stick-stoff, Beinwell, Nesseln und Disteln speichern Kalium. Weißer Gänsefuß, Sauerampfer, Ge-meine Scharfgarbe und Stechapfel speichern Phosphor. Mehrjährige Pflanzen mit hartnäcki-gen Wurzeln wie Beinwell und Nesseln müssen gemulcht werden und nicht nur untergegraben, wenn sie als Gründünger verwendet werden sollen. Sie müssen die Wurzeln ausgraben, es sei denn, sie wollen die Pflanzen jedes Jahr wieder haben.

• Unkrauteindämmung auf unbepflanzten Flächen

Wege, Einfahrten und Terrassen stellen oft ein Problem dar, da vom Wind mitgebrachte Samen sich in jeder Ritze einnisten. Hier am besten vorsorgen: Dichten Sie Löcher und Ritzen mit Zement oder Kitt ab. Vorher müssen Sie die Ritzen vom Unkraut befreien und mit dem Gartenschlauch sauberspritzen. Oder Sie säen etwas aus: Wenn Sie Topferde und Thymian- sowie Kamillesamen in die Ritzen geben, können sich andere Pflanzen nicht mehr ausbreiten. Lötlampen (s. S. 59) bitte nur dort verwenden, wo sie keinen Schaden anrichten können.

Sie können auch einen alten Teppich oder Plastikplanen auf das Unkraut legen. Nach ein paar Wochen ist das meiste abgetötet. Jetzt können Sie eine neue Ruhezone im Garten schaffen, indem Sie die Plane liegen lassen und mit ausreichend Steinen bedecken.

Primeln bilden – mit oder ohne Efeuteppich – eine ideale Bodenvegetation.

• Bodenvegetation

Das Mulchen (s. S. 60–63) unterhalb von Büschen und über große Flächen hinweg kann sehr teuer und zeitraubend sein. Außerdem gibt es immer Samen, die vom Wind getragen werden. Es ist effektiver, Bodenwuchspflanzen zu verwenden. Besonders geeignet ist Gras, weil es so pflegeleicht ist. Es gibt aber auch noch andere Möglichkeiten:

• Efeu gedeiht an schattigen Orten. Alles, was an Unkraut zwischen den Blättern herauskommt, wird ausgezupft.

• Das Setzen von Blumenzwiebeln (z. B. Primeln und Veilchen) und anderen heimischen Pflanzen macht den Garten schöner und verbessert die natürliche Tier- und Pflanzenwelt, ohne die Unkrautkontrolle zu erschweren. Schneiden Sie Unkraut um die Blumen herum einfach ab.

• Minzepflanzen stellen den kräftigsten und nützlichsten Bodenwuchs dar. Sie unterdrücken das meiste Unkraut und ziehen während der Blüte Insekten an.

Minzepflanzen sind ebenfalls eine effektive Bodenvegetation und die Blüten locken nützliche Insekten an.

Unkraut eindämmen

Neben dem Rasenmähen nimmt Unkrautjäten sicherlich am meisten Zeit ein. Unkraut kann Nutzpflanzen ersticken und den Garten ruinieren. Die Fruchtbarkeit bleibt in Samen und Wurzeln gefangen und Schädlinge und Krankheiten halten Einzug.

Der Biogärtner verwendet keine chemischen Mittel, die auch andere Lebensformen töten. Wie auch bei der Schädlingsbekämpfung ist das Ziel die Eindämmung und nicht die Ausrottung, da viele Unkrautpflanzen auch nützlich sind.

Es gibt viele Möglichkeiten der Unkrautvernichtung. Das Ausgraben ist die beste Methode für die Gewinnung von neuem Boden, während man durch Harken bereits bearbeitete Böden säubert. Mulchen ist ganz besonders wichtig, weil es nicht nur die Unkrautsamen vom Keimen abhält, sondern die Fruchtbarkeit und Feuchtigkeit in der Erde speichert.

● Hygiene

Passen Sie auf, dass kein Unkraut von außen in Ihren Garten gelangt – z. B. durch unreinen Dung, unkompostierten Mulch oder eingekaufte Setzlinge.
- Schützen Sie Blumenbeete, Kieswege und Auffahrten, indem Sie verhindern, dass Samen, die der Wind verstreut, sich dort ansiedeln.
- Fruchtwechsel verhindert, dass sich ein bestimmtes Unkraut an einer Stelle fest einrichten kann.

● Umgraben

Wenn Sie ein neues Stück Land bearbeiten, das eine Zeit lang nur mit Rasen bewachsen war, ist das Umgraben die beste Methode. Regelmäßiges Rasenmähen hat die Ausbreitung von so manchem Unkraut eingedämmt und dabei Gräser und Unkraut wie Gänseblümchen erhalten. Vom Frühherbst an bis in den Spätwinter können Sie Rasen abtragen und an anderer Stelle anlegen oder unter die Erde arbeiten.

Unkrautsorten mit Pfahlwurzeln können ausgegraben werden und für den Kompost verwelken. Das Entfernen von Kriechgewächsen wie Schnürgras kann sehr viel Arbeit sein. Es ist einfacher, sie mit schwarzem Plastik-Mulch zu bedecken und ihnen so das Licht wegzunehmen.
- Graben Sie Unkraut, das überwintert hat, sehr früh im Frühling in die Erde. Dann bleibt genug Zeit zum Verrotten, bevor Sie etwas dort anbauen.
- Sie können die oberste Erdschicht in dünnen Schichten abtragen und umgekehrt wieder auflegen. Nach einer Woche sollten Sie harken, damit das Unkraut nicht wieder wurzelt.

● Unkraut jäten per Hand

Das ist immer noch die beste Methode, um zwischen Nutzpflanzen Unkraut zu entfernen. Sie können ein Kniekissen verwenden und mit einem scharfen Messer widerspenstige Wurzeln abschneiden, anstatt sie aus dem Boden zu reißen. Entfernen Sie zuerst das Unkraut nahe

Anbau mit Fräse

Fräsen töten Regenwürmer, beschädigen die Erdstruktur und sind sehr laut. Außerdem ist die Arbeit mit Fräse gefährlich. Sie eigenen sich auch nicht für Böden die mit mehrjährigen Unkrautpflanzen übersät sind, da die meisten Fräsen nicht genügen Kraft haben; oder aber sie zerschneiden die Wurzeln lediglich – sie wachsen dann wieder.

Fräsen sind nützlich, um Gründünger und überwinterte einjährige Unkrautpflanzen in die Erde zu graben. Sie eignen sich in keinem Fall für den Kleingarten, da sie schwierig zu manövrieren sind. Um ein großes Stück Land zu präparieren, welches mit sauberem Rasen oder anderer Bodenvegetation bewachsen ist, fräsen Sie zwei- bis dreimal im Frühjahr im Abstand von zwei Wochen.

bei den Pflanzen und dann den Rest. Kleine Unkrautsetzlinge können mit der Messerkante oder einem Rechen getötet werden und müssen nicht herausgerissen werden.

Sie können mehrjährigem Unkraut Fruchtbarkeit abgewinnen, indem Sie jede Woche die frischen Blätter abzupfen, bis die Wurzeln absterben. Einige gefürchtete Unkrautpflanzen wie z. B. Bodenholunder können ausgemerzt werden, indem Sie während einer Saison jede Woche alle Blätter und Triebe abmachen.

● **Harken**
Die Harke muss sehr scharf sein, damit das Unkraut kurz unter der Erdoberfläche effektiv geharkt wird. Bei schwerem, klumpigem und steinigem Boden sollten Sie Hark-Mulch in Form von Sand oder gesiebtem Kompost in die Erde geben.

Durch Harken lassen sich Beetränder gut sauber halten. Einjährige Unkrautpflanzen müssen vom Vorfrühling bis in den Spätsommer hinein alle 14 Tage geharkt werden. Das Harken braucht nicht viel Zeit, wenn es alle zwei Wochen gemacht wird. Sonst etabliert sich das Unkraut in der Erde und die Arbeit dauert länger. Mehrjähriges Unkraut muss wöchentlich geharkt werden. Dadurch erschöpfen sich die Wurzeln und sterben ab.

● **Unkrautvernichtung mit der Lötlampe**
Das ist nicht so gefährlich, wie es klingt. Mithilfe einer Paraffin- oder Gaslötlampe wird Unkraut abgetötet. Dabei werden die Blätter aber nicht verbrannt, sodass sie die Wurzeln, während sie verwelken, schwächen. Das funktioniert gut bei Setzlingen. Wenn das Unkraut schon groß ist, muss die Prozedur vielleicht ein zweites Mal durchgeführt werden. Mehrjährige Unkrautpflanzen kann man auch mit wöchentlichem Einsatz der Lötlampe töten, aber es ist umweltfreundlicher, diese auszugraben und zu kompostieren.

Die Lötlampe sollte zum Einsatz kommen, kurz bevor die Feldfrüchte aus der Erde kommen. Dann wird das Unkraut entfernt, ohne das Gemüse zu schädigen. Möhren brauchen 12 bis 18 Tage, bis sie keimen, daher kann das Unkraut, das in den ersten zehn Tagen aus dem Boden kommt, am elften Tag mit der Lötlampe vernichtet werden.

Kann ich eine Lötlampe verwenden?

Für große Flächen:	Ja, hier funktioniert diese Methode am besten
Samenbeete:	Ja
Kieswege:	Ja, aber halten Sie Abstand zu Autos, Gebäuden und brennbaren Materialien
Bäume:	Ja, bis hin zu dicken Stämmen
Rosenkohl:	Ja, wenn er reif ist
Krautartige Pflanzen:	Ja, wenn die Pflanzen ruhen und die Blätterkrone mit Sand bedeckt ist
Steingärten:	Ja, verwenden Sie eine kleine Lötlampe
Wege und Terrassen:	Ja, verwenden Sie eine kleine Lötlampe, einen Heißluft-Farbentferner, kochendes Wasser oder ein Dampfbügeleisen
Koniferen:	Nein
Immergrüne Pflanzen:	Nein
Hecken:	Nein
Pflanzen mit abgestorbenen Blättern:	Nein

Mulchen

Das Mulchen ist wohl die wichtigste Form der Unkrautkontrolle, die aber viel zu wenig angewandt wird. Manche Mulchmaterialien sind teuer in der Anschaffung, aber sie sparen viel Zeit und Mühe bei der Unkrautbekämpfung. Sie tragen zur Wärmespeicherung bei und unterstützen das Wachstum, indem sie für eine stabile Bodentemperatur sorgen. Biologische Mulchmaterialien fügen der Erde Nährstoffe hinzu und verbessern ihre Struktur.

Alle Mulchmaterialien kann man zu jeder Jahreszeit anwenden, aber am meisten bringt es, wenn man im Frühjahr mulcht, wenn die Erde wärmer wird und bevor die Winternässe verdunstet ist. Wenn man zu früh mulcht, bleibt die Erde zu kalt und das Wachstum wird verlangsamt. Wenn es lange trocken ist, sollten Sie das Mulchmaterial wegräumen, bis es regnet, und erst dann wieder auf die Erde geben. Sonst saugt es sich voll mit Wasser, anstatt die Feuchtigkeit an die Erde abzugeben.

● Vorteile

Das Mulchen ist die einfachste Methode, um neuen Boden zu bearbeiten und Unkraut unter Kontrolle zu halten. Vorausgesetzt, dass die Erde nicht faserig ist und das Gras immer geschnitten wurde, kann man ohne großen Aufwand ein Stück Land innerhalb von sechs Monaten in unkrautfreie, saubere Erde verwandeln.
- Das gesamte Unkraut wird abgetötet, da durch die Mulchschicht kein Licht dringt.
- Widerspenstiges mehrjähriges Unkraut muss man mit dicken, lichtundurchlässigen Plastikplanen oder alten Teppichen abdecken. Das meiste Unkraut kann man aber mit einer dicken Schicht Stroh, Heu oder Rasenschnitt, die man auf Pappe oder Zeitungspapier gibt, vernichten.

- Verwenden Sie bei Flächen, die größer als 1 m^2 sind, keine schwarze Plastikfolie, da der Sauerstoff- und Feuchtigkeitsmangel problematisch für die Erde sein kann. Für große Flächen verwenden Sie besser Planen mit Luftlöchern oder alte Teppiche.

> *Das Mulchen ist die einfachste Methode, um neue Bodenflächen für den Anbau vorzubereiten.*

- Es bringt auch viel, wenn Sie zuerst um die Fläche einen 30 cm tiefen und breiten Graben machen. Geben Sie dann den Mulch auch über den Graben. Für neuen Boden verwenden Sie am besten undurchdringliches Mulchmaterial, wenn das Unkraut gerade angefangen hat zu wachsen. Das geschieht sonst im Vorfrühling, wenn die Erde feucht ist. Später ist dies wesentlich uneffektiver. Das Unkraut wird wegen Lichtmangels gelb und fault schnell. Danach sterben die Wurzeln ab und geben wichtige Nährstoffe an die Erde ab. Nach einem Monat kann man morgens den Mulch entfernen und die auftauchenden Lebewesen den Vögeln überlassen. Würmer und nützliche Insekten flüchten schnell, aber Schädlinge wie Schnecken sind viel langsamer. Eine Fläche, die so gemulcht wurde, kann ab dem Spätfrühling bepflanzt werden. Wenn der Mulch entfernt wird, kann es sein, dass gleich wieder Unkraut wächst. Sie können aber viele Pflanzen durch Löcher in der Mulchschicht pflanzen. Sie wachsen dann in einer reichen, feuchten Erde. Tomaten, Zucchini, Markkürbisse, Gurken, Melonen und Mais kann man so anbauen.

Oben: Der alte Teppich bereitet eine neue Anbau-fläche vor. So sieht die Erde nach zehn Tagen aus.

Mitte: So sieht es nach drei Wochen Mulchen aus. Das meiste Unkraut ist jetzt verschwunden.

Unten: Nach mehreren Monaten ist das Unkraut verrottet und gänzlich von der Erde absorbiert.

Kohlpflanzen kann man auch auf diese Weise durch Löcher in der Mulchschicht an-pflanzen. Im Herbst, nachdem die meisten Feld-früchte geerntet worden sind, können Sie den Mulch entfernen und die Erde umgraben. Fast das gesamte Unkraut und seine Wurzeln sind verrottet und haben eine reiche Struktur und natürliche Schichtung in der Erde hinterlassen, die Sie nicht stören sollten. Winterpflanzen kön-nen Sie durch die Mulchschicht hindurch an-bauen oder die Fläche kann mithilfe von Grün-dünger überwintern. Letztere Methode hat den Vorteil, dass der pH-Wert der Erde wieder her-gestellt wird. Dieser geht unter der Mulch-schicht nämlich etwas herunter.

Gründünger und winterhartes Unkraut können im Frühling dann gemulcht werden, indem man die Fläche mit Plastik, Stoff oder Rasenschnitt bedeckt. Sie können auch wieder durch den Mulch hindurch im Spätfrühling neue Pflanzen anbauen. Vor dem Mulchen können Sie für stark zehrende Pflanzen natür-lich auch Kompost unterarbeiten.

In den Herbstmonaten kann man undurch-dringlichen oder losen Mulch auf die nackte Erde und auf einjähriges Unkraut im Gemüse-garten geben:

• Das schützt die Erde vor Auswaschung und fördert das Mikroleben in der Erde, besonders Regenwürmer. Wenn Sie im Frühling den Mulch entfernen oder durch Löcher im Mulch etwas anpflanzen, hat die Erde eine exzellente Struktur und ist sehr fruchtbar.

• Das Mulchen im Herbst ist gut für krautartige Pflanzen, da es sie vor Frost schützt. Pflan-zen, die unter feuchten Bedingungen leicht verrotten, sollten mit leichtem, luftigem Mulch bedeckt werden, wie z. B. Stroh und Adlerfarn.

Kompostierte Rinde oder Rindenstücke eignen sich besonders gut als Mulch für einen Pfad.

● **Nachteile**

Abgesehen vom Kostenfaktor hat Mulchen noch einige Nachteile.

- Mulch mit Planen fördert Bodentiere wie Wühlmäuse, Maulwürfe und Schnecken, oft werden die Planen von Vögeln verschleppt.
- Es besteht außerdem die Gefahr, dass bei extrem feuchten Bedingungen Blätterkronen und Rinde verrotten und Setzlinge unter dem Mulch wachsen.
- Mulch kann außerdem die Erdwärme so gut isolieren, dass die Pflanzen über der Erde mehr dem Frost ausgesetzt sind, als das bei normaler Erde ohne Mulchschicht der Fall wäre.

● **Plastik-Mulch**

Plastikplanen eignen sich besonders gut zur Unkrauteindämmung, aber sie sind hässlich, teuer und schlecht für die Umwelt. Trotzdem können sie auch im Biogarten nützlich sein. Transparente Plastikfolie kann auf dem Boden ausgelegt werden, damit sich die Erde dort im Frühling aufwärmt. Schwarze oder lichtundurchlässige Plastikplanen wärmen die Erde ebenfalls und töten darüber hinaus Unkraut ab. Sie können Plastikplanen auf Dauer auslegen und mit lockerem Mulch, z. B. Rindenstücken, bedecken. Bei großen Flächen müssen Sie perforierte Folie verwenden, damit sich das Wasser nicht staut und die Erde genug Sauerstoff bekommt.

Schwarz-weiße Plastikfolie ist sehr praktisch. Nachdem die schwarze Seite die Erde aufgewärmt und das Unkraut abgetötet hat, kann die Folie umgedreht werden. Die weiße Seite reflektiert das Licht für die Pflanzen und verwirrt außerdem Schädlinge.

- Junge Bäume kann man gut ein bis zwei Jahre unkrautfrei halten und vor Verdunstung schützen, wenn man aus dem Plastik Vierecke schneidet, die Ränder in der Erde vergräbt und einen Einschnitt macht, sodass man das Plastikstück ganz dicht um den Baum legen kann.
- Für Hecken verwendet man Plastikstreifen von 1 m Länge. Ableger von Pflanzen, die schnell Wurzeln schlagen wie Weißdorn kann man sogar durch das Plastik in die Erde drücken.
- Plastik-Mulch eignet sich außerdem für Erdbeeren und Gemüse, insbesondere für Salatpflanzen, weil diese so sauberer bleiben. Es kann allerdings sein, dass Schnecken zum Problem werden.
- Alle Plastikplanen müssen gut in der Erde befestigt werden, sonst könnten sie bei starkem Wind mitsamt den Pflanzen wegfliegen oder aber die Pflanzen beschädigen.

Mulcharten

Material	Art	Vorteile	Nachteile
Gehäckseltes Holz	Lose	Gut für Pfade	Muss vor dem Gebrauch kompostiert werden
Heckenschnitt, holzig	Lose	Kostenlos	Muss kompostiert werden
Kokosschalen	Lose	Hoher Stickstoffanteil, hält Schnecken fern	Muss 5 cm hoch geschichtet werden, um zu wirken, sehr leicht, wird schnell weggeweht
Laubmulch	Lose	Leicht selbst zu machen, mit einer Plane zusammen verwenden	Besser geeignet für Topf-pflanzen
Papier und Pappe	Flächig	Immer verfügbar, kostenlos, gut zum Sauberhalten von Salat im Gewächshaus, gut für Unkrautkontrolle, wenn zusammen mit einem ande-ren Mulch verwendet, hin-dert Vögel daran, Unkrautsa-men in den Mulch zu tragen	Zu leicht für Freilandpflanzen, außer es wird mit losem, schwerem Mulch kombiniert, verrottet sehr schnell
Plastikplanen	Flächig	Billig und wirksam gegen Unkraut	Hässlich, schädlich für die Umwelt, die Erde bekommt nicht genug Sauerstoff
Rindenmulch	Lose	Sieht schön aus	Wird von Vögeln geklaut, teuer, wenn für große Flächen genutzt, muss etwa 8 cm hoch geschichtet werden
Sand und Kies	Lose	Sieht schön aus, eignet sich für Pflanzen, die Mittelmeer-klima mögen	Verbessert nicht die Boden-qualität
Stroh und Heu	Lose	Verbessert die Qualität der Erde	Kann Samen enthalten

Welches Unkraut ist das?

Es gibt zwei Arten von Unkraut: einjährige und mehrjährige Pflanzen. Wenn man letztere ausgerottet hat, kann man erstere gut in den Griff bekommen.

● Einjähriges Unkraut

Die Samen der Unkrautpflanzen keimen, sobald die Erde Licht, Wärme und Feuchtigkeit erhält. Dies kann durch Mulchen oder Umgraben verhindert werden. Als Setzlinge kann man Unkraut recht leicht ausrotten, aber die meisten Pflanzen wachsen schnell und werden kräftig. Für die Unkrauteindämmung macht es keinen Unterschied, ob die Setzlinge von ein- oder mehrjährigen Unkrautpflanzen stammen – solange sie klein und zart sind, kann man sie leicht ausrotten. Diese Setzlinge eignen sich bestens als Gründünger oder als Winter-Bodenwuchs, da sie keine tiefen Wurzeln schlagen und leicht auszumerzen sind.

Bepflanzen Sie niemals Beete, ohne vorher alle mehrjährigen Unkrautpflanzen entfernt und vernichtet zu haben.

Wenn alle mehrjährigen Unkrautpflanzen vernichtet sind, gibt es ein bis zwei Jahre lang eine Flut von Unkrautsetzlingen. Doch wenn Sie sich immer um die Eindämmung des Unkrauts kümmern, werden es nach und nach weniger. Wenn Sie für guten Bodenwuchs im Winter einjährige Unkrautpflanzen verwenden wollen, können Sie durch tiefes Graben oder Rechen noch mehr Samen hervorbringen. Bestimmte Pflanzen und Unkrautsorten kann man in Gemüsebeeten zulassen, um Bodenwuchs und Gründünger zu erhalten.

Wenn man Unkraut mulcht, unter die Erde gräbt oder harkt, bleiben die Nährstoffe erhalten. Sie können das Unkraut auch auf den Komposthaufen geben und die Nährstoffe werden an anderer Stelle zum Einsatz kommen. Jede Unkrautsorte kann kompostiert werden, aber Unkraut mit schädlichen Wurzeln sollte man erst auf festem Boden verwelken lassen. Man kann diese auch mit keimendem Unkraut in eine Tonne mit Wasser geben. Auf diese Weise erhalten Sie gleichzeitig einen kostenlosen Flüssigdünger. Von Krankheiten befallenes Unkraut sollten Sie aber lieber verbrennen.

● Mehrjähriges Unkraut

Mehrjähriges Unkraut überlebt jedes Jahr durch seine Wurzeln und Zwiebeln. Die Kriechgewächse breiten sich aus und schlagen an anderer Stelle Wurzeln. Die meisten produzieren auch Samen. Unkrautsorten wie Ampfer, Meerrettich und Löwenzahn haben lange Pfahlwurzeln, die Nahrung speichern und Wasser und Nährstoffe tief aus der Erde holen. Es bringt nichts, nur die Blätter abzupflücken, denn die Pflanzen produzieren einfach neue. Wenn Sie auch nur ein kleines Stück Wurzel in der Erde lassen, wächst die Pflanze wieder nach. Ampfer kann man abtöten, indem man die oberen 10 cm der Wurzel abschneidet.

Wenn man Unkraut mulcht, eingräbt oder harkt, stehen die Nährstoffe dem Boden zur Verfügung.

Einjährige Unkrautpflanzen

Hirtentäschel

Kreuzkraut

Behaartes Schaumkraut

Einjähriges Wiesengras

Mehrjährige Unkrautpflanzen

Kriechgewächse wie die Gemeine Quecke, Nesseln und Bodenholunder entwickeln unter der Erdoberfläche viele Stängel. Diese müssen gänzlich ausgegraben werden, denn aus einem winzigen Stück kann eine neue Pflanze entstehen.

Wenn Sie einen neuen Garten haben oder ein neues Stück Garten bearbeiten wollen, müssen Sie auf jeden Fall das Unkraut loswerden. Wenn man das methodisch erledigt, bleiben später nur die einjährigen Setzlinge, die man leicht mulchen oder harken kann. Bepflanzen Sie niemals Beete oder Beeträder, ohne vorher alle mehrjährigen Unkrautpflanzen entfernt und vernichtet zu haben – wenn die Unkrautwurzeln erst einmal zwischen die Wurzeln der Nutzpflanzen gelangen, wird das Unkrautjäten sehr schwierig.

Scharbockskraut

Japanischer Knöterich

Meerrettich

Breitblättriger Ampfer

Butterblume

Löwenzahn

Huflattich

Kriechdistel

Schachtelhalm

Gemeine Quecke

Bodenholunder

Brennnessel

Schritt 4: Die richtige Pflanzenauswahl

Erfolg beim biologischen Gärtnern basiert zu 95 % auf den richtigen Methoden. Pflanzen wollen wachsen und tun es auch, wenn wir die richtigen Bedingungen schaffen. Wählen Sie außerdem die „richtigen" Pflanzen. Es ist Unsinn, in einem gemäßigten Klima Wassermelonen anzubauen, auf kalkigem Boden Rhododendron wachsen zu lassen oder Blumenkohl auf trockener, sandiger Erde. Nehmen Sie Pflanzen, die zu Boden und Klima passen, und Sie werden ein erfolgreicher Biogärtner.

Wichtige Überlegungen

Es gibt verschiedene Faktoren, die Sie bei der Auswahl von Pflanzen beachten müssen. Sowohl das Klima als auch die Art des Bodens haben Einfluss auf die Wahl. Dazu kommen noch individuelle äußere Umstände wie die Menge an Sonnenlicht, die Häufigkeit und Heftigkeit des Windes, außerdem die Windrichtung sowie das Mikroklima.

● Der Boden
Sowohl der Säuregehalt der Erde als auch ihre Fähigkeit, Feuchtigkeit zu speichern, haben großen Einfluss auf die gesamte Gartenarbeit. Der Säuregehalt der Erde ist natürlich unrelevant, wenn Sie ihre Pflanzen in Töpfen haben.

Den Säuregehalt kann man kaum beeinflussen, und für viele Pflanzen ist es besser, wenn Sie die Bedingungen, in denen ihre Wurzeln leben, verbessern. Das heißt: schwere Erde aufzulockern, damit Wasser besser abfließen kann, und leichte Erde zu düngen und zu mulchen, damit stark zehrende Pflanzen darin gedeihen können.

● Äußere Umstände
Ein guter Gärtner zeichnet sich auch dadurch aus, dass er die Pflanzen auswählt, die am besten in den von einem kleinen Garten gewissermaßen vorgegebenen Bedingungen gedeihen. Viele Gärten haben Mauern rundherum und manche haben gar keine sonnige Südseite. In unseren Breiten sind Südwände das ganze Jahr am wärmsten, weil sie die meiste Sonne abbekommen – das Gleiche gilt für Gärten auch. Aber die Südwand des einen Gartens ist die Nordwand des Nachbars, und gerade kleine Gärten haben oft viele schattige Plätze. In der Erde unterhalb der Mauern wachsen ganz andere Pflanzen als an allen anderen Stellen im Garten.

In Gärten, die nach Süden ausgerichtet sind, können Sie natürlich ganz andere Pflanzen ziehen, und grundsätzlich ist Gemüse und Obst, das viel Sonne bekommt, aromatischer und süßer. Aber auch an schattigen Plätzen wächst noch so manches Gemüse und manchmal bieten diese Orte ideale Bedingungen für Blattpflanzen, vor allem in heißen Sommern.

Die Unterscheidung in West- und Ostausrichtung scheint auf den ersten Blick nicht ganz so bedeutend, aber hier kommt es auf den Wind an.

Kalter Ostwind ist für manche Pflanzen problematisch. Wenn die aufgehende Sonne direkt auf vereiste Blüten scheint, kann dies tödlich sein. Die Ausrichtung nach Westen bringt eher mehr Regen. Solche Plätze eignen sich natürlich nicht für Pflanzen, die es warm, trocken und windgeschützt haben möchten.

Natürlich müssen Sie auch Ihre eigenen Bedürfnisse beim Anlegen des Gartens in Betracht ziehen: Blumen, die am Morgen oder Abend blühen, sollten dort wachsen, wo Sie diese am besten sehen und sich an ihnen erfreuen können. Und ein Gartenhäuschen sollte nach Westen ausgerichtet sein, weil man am ehesten abends dort sitzt.

● **Mikroklima**

Jeder Garten hat sein individuelles Mikroklima und an verschiedenen Stellen des Gartens gibt es noch viele kleine Klimazonen. Jeder Ort im Garten ist ein bisschen anders. Das liegt an der generellen Lage, der Ausrichtung, der Schattigkeit, der Wärme, die aus schlecht isolierten Häusern entweicht, und an der Streuung von Kaltluft, die sich an tiefer liegenden Stellen sammelt und dort Frosttaschen bildet.

Natürlich können wir weniger vorteilhafte Plätze in unserem Garten so weit verändern, dass sich auch dort Pflanzen wohlfühlen. In unseren Breiten heißt das vor allen Dingen: Schutz vor dem Wind schaffen und so viel Sonne wie möglich einfangen.

Die Sonnenmauer des einen Gärtners ist die schattige Mauer seines Nachbarn.

In dieser gemischten Hecke wachsen Sommermargeriten mit Bergamotte und Phlox, die alle im Sommer blühen. Zweijährige Pflanzen und Bäume sorgen für Struktur in den Wintermonaten.

Pflanzen, die resistent gegenüber Krankheiten sind

Die Pflanzen, die wir heute anbauen, wurden irgendwann ausgewählt, weil sie nicht anfällig sind. Natürlich gibt es kaum Sorten, die gegen alle Krankheiten und Schädlinge immun sind. Die wichtigsten Nutzpflanzen werden am häufigsten angebaut und daher haben sie auch die meisten Schädlinge und Krankheiten.

Es gibt ständig Neuzüchtungen von wirtschaftlich wichtigen Pflanzen. Hierbei versucht man, Sorten zu finden, die resistent gegen die üblichen Erkrankungen sind. Es gab schon große Erfolge bei der Züchtung von Gemüsesorten. Auch Rosen waren früher viel öfter von Mehltau befallen als heute.

Mit dem Ungeziefer ist es schwieriger, da die hungrigen „Viecher" immer fressen wollen. Doch indem man Geruch und Farbe von Pflanzen verändert, kann man manche Schädlinge verwirren. Nach einer Weile werden aber auch resistente Pflanzen wieder befallen, weil sich die Schädlinge und Krankheiten ebenfalls verändern. Doch die Züchtung ist ein fortlaufender Prozess und bei den meisten Nutzpflanzen gibt es immer wieder resistente Neuzüchtungen.

Schädlinge sind schwer dauerhaft zu vertreiben, da sie immer fressen wollen.

Ein Nachteil ist aber auch zu erwähnen: Da so viel Mühe darauf verwendet wird, die Pflanzen widerstandsfähig zu machen, wird oft zu wenig auf ihre geschmackliche Qualität geachtet. Es kann also sein, dass Sie durch die Auswahl von resistenten Pflanzen qualitative Einbußen der Feldfrüchte hinnehmen müssen.

Daher sollten Sie von jedem Gemüse mindestens zwei Sorten anbauen, von denen eine resistent ist und die andere geschmacklich sehr gut.

Die Traubensorte „Muskat Hamburg"

Die gelbe Tomatensorte „Golden Sunrise"

Feldfrüchte mit Widerstandsfähigkeit

Feldfrucht	Krankheiten und Schädlinge	Feldfrucht	Krankheiten und Schädlinge
Blattsalate	Wurzel-Blattläuse, Mosaik-Virus, Schimmel, Blattläuse	**Möhren**	Möhrenfliege
		Paprikaschoten	Tabak-Mosaik-Virus
		Petersilienwurzel	Brand
Bohnen	Mosaik-Virus, Baumkrebs (Pilzinfektion), Halo-Mehltau	**Rosenkohl**	Fleckige Blätter, echter Mehltau
Brokkoli	Fäule, flaumiger Mehltau, Kohlhernie	**Schwarze Johannisbeere**	Schimmel
Erbsen	Echter Mehltau, Welke, flaumiger Mehltau, *Fusarium*-Welke	**Spargel**	Grauschimmelpilze
		Spinat	Schimmel
		Stachelbeeren	Mehltau, Schimmel
		Steckrüben	Kohlhernie
Gurken	Gurken-Mosaik-Virus, echter Mehltau, Schorf, fleckige Blätter	**Tomaten**	Tabak-Mosaik-Virus, *Fusarium*-Welke, Blattkrankheit *(Cladosporium)*, *Verticillium*-Welke, Schimmel
Himbeeren	Läuse		
Kartoffeln	Braunfäule, Peitschenwurm, Schorf, Rauschbrand, Kartoffelkrankheit	**Trauben**	Flaumiger Mehltau, echter Mehltau
		Zucchini und Kürbis	Gurken-Mosaik-Virus, echter Mehltau
Lauch	Rostpilz	**Zwiebeln**	Flaumiger Mehltau, Grauschimmelpilze, Fäule
Mais	Rostpilz		
Melonen	Echter Mehltau, *Fusarium*-Welke		

Mischkultur

Der Begriff Mischkultur wird meist im Zusammenhang mit Gemüseanbau verwendet. Mischkultur bedeutet, dass Pflanzen so miteinander kombiniert werden, dass sie gut gedeihen und sogar voneinander profitieren.

Wichtig ist, Pflanzen nie zu dicht nebeneinanderzusetzen. Außerdem brauchen sie Luft, Licht, Nährstoffe und Wasser. Neben der Schaffung dieser Grundvoraussetzungen kann man noch mehr tun, indem man bestimmte Pflanzen kombiniert. Anstatt also drei Beete anzulegen, eines mit Erbsen, das zweite mit Kartoffeln und das dritte mit Mais, kann man jedes Beet mit allen Pflanzen besetzen und bekommt einen größeren Ertrag. Ich pflanze die Erbsen in der Mitte an, daneben auf eine Seite Kartoffeln und auf die andere Seite Mais. Die Erbsen bieten den Jungpflanzen Schatten und die Kartoffeln sorgen dafür, dass die Erde feucht bleibt, was Mais und Erbsen gut tut. Keine der drei Pflanzen überschattet die anderen.

Außerdem führt Mischkultur auch dazu, dass weniger Pflanzen durch Schädlinge und Krankheiten vernichtet werden. Ich habe herausgefunden, dass Rote Bete, die zwischen Steckrüben und Petersilienwurzeln wächst, nicht von Vögeln heimgesucht wird.

Die richtige Mischkultur verringert Schäden durch Krankheiten und Schädlinge erheblich.

● Nützliche Kräuter

- Viele einjährige Kräuter sind ebenfalls nützlich, wenn man sie zwischen Gemüsepflanzen setzt. Vor allem der oft intensive Geruch lenkt die Fressfeinde ab.
- Zweijährige Kräuter, z. B. Rosmarin, Thymian, Salbei, Schnittlauch, Ysop und Lavendel, sind besonders als Umrandung des Gemüsebeetes sinnvoll, da sie durch die starken Düfte Schädlinge abhalten. Durch ihre Blüten ziehen sie Bienen zur Befruchtung und Fressfeinde für eventuelle Schädlinge an.
- Die nützlichste Pflanze in dieser Hinsicht ist Tagetes. Sie sollte wirklich auf jedem Beet, entlang der Wege und an Toren wachsen, damit Sie im Vorbeigehen dagegenstoßen und den intensiven Duft verbreiten.
- Im Obstgarten stellt Mischkultur zunächst eine gewisse Konkurrenz dar, doch im Laufe der Zeit ist sie von unschätzbarem Wert, weil dadurch Fressfeinde, aber auch befruchtende Insekten angezogen werden. Sumpfblume, Dreifarbige Winde, Schnittlauch, Kapuzinerkresse, Rosmarin, Thymian und Salbei sind alle großartige Helfer bei der Schädlingsabwehr.

● „Opferpflanzen"

Manche Pflanzen werden nur zu dem Zweck angebaut, um Schädlinge von den Nutzpflanzen fernzuhalten. Das können sogar die gleichen Pflanzen sein, die um das Gemüsebeet herum angebaut werden. So halten Rote Johannisbeeren die Vögel von Schwarzen Johannisbeeren ab. Oder wenn Sie beim Umpflanzen abgeschnittene Blätter oder Setzlinge zerkleinern und dann um die umgetopften Pflanzen verteilen, stürzen sich die Schnecken darauf.

Eine andere Möglichkeit ist, Pflanzen zu ziehen, die Schädlinge vernichten: Zum Beispiel Tabakpflanzen, vor allem Ziertabak, haben klebrige Stängel und Blätter und ziehen Schildläuse sowie Gewittertierchen an. Diese Pflanze kann zwischen den anderen Pflanzen stehen. Sie zieht die Schädlinge an und diese bleiben an ihr kleben.

Mischkultur: Gemüse

Gemüse	Gute Nachbarschaft	Schlechte Nachbarschaft
Blattsalate	Möhren, Kerbel, Kürbisse, Radieschen und Erdbeeren	
Brechbohnen	Sellerie, Kürbisgewächse, Kartoffeln, Erdbeeren und Mais	Zwiebeln und Knoblauch
Dicke Bohnen	Kohlgewächse, Möhren, Sellerie, Kürbisgewächse, Kartoffeln und die meisten Kräuter	Zwiebeln und Knoblauch
Erbsen	Bohnen, Möhren, Kürbis, Mais und Rüben	Zwiebeln und Knoblauch
Kartoffeln	Bohnen, Kohlgewächse, Erbsen und Mais	Kürbisgewächse und Tomaten
Kohlgewächse	Rote Bete, Sellerie, Mangold, Dill, Knoblauch, Kapuzinerkresse, Zwiebeln, Erbsen und Tomaten	Stangenbohnen und Erdbeeren
Kürbisgewächse (Gurke, Zucchini, Kürbis, Melone)	Bohnen, Kapuzinerkresse, Erbsen und Mais	Kartoffeln
Lauch	Möhren, Sellerie und Zwiebeln	
Mais	Bohnen, Kürbisse, Erbsen und Kartoffeln	
Möhren	Schnittlauch, Knoblauch, Lauch, Blattsalate, Erbsen und Tomaten	Stangenbohnen
Rote Bete und Mangold	Bohnen, Kohlgewächse, Knoblauch, Kohlrabi, Zwiebeln, Petersilienwurzel und Steckrüben	
Stangen- und Knollensellerie	Kohlgewächse, Bohnen, Lauch und Tomaten	
Stangenbohnen	Mais und Sommerbohnenkraut	Rote Bete und Mangold
Steckrüben und Rüben	Erbsen	
Tomaten	Spargel, Basilikum, Möhren, Knoblauch, Zwiebeln und Petersilie	Kohlrabi und Kartoffeln
Zwiebeln und Knoblauch	Rote Bete, Mangold, Blattsalate, Erdbeeren, Sommerbohnenkraut und Tomaten	Bohnen und Erbsen

Mischkulturen und die dazu passenden Pflanzen

Mischkulturen sind – wie schon mehrfach erwähnt – viel weniger anfällig für Krankheiten als Monokulturen. Doch wir können noch mehr tun: nämlich ganz bewusst Pflanzen anbauen, die den Duft der Gemüsepflanze überdecken, zum Beispiel duftende Kräuter. Auch Tagetes sind hierfür besonders gut geeignet: Sie überdecken nicht nur den Duft anderer Pflanzen, sondern locken auch Schädlinge an und töten manche sogar ab. Sie halten beispielsweise die Mottenschildlaus davon ab, ins Gewächshaus zu kommen, und Fadenwürmer, sich im Boden anzusiedeln. Ich benutze gerne Mutterkraut, weil es nicht nur stark duftet, sondern auch schön aussieht. Die meisten Mitglieder der Gänseblümchenfamilie haben sich hier bewährt, weil sie nützliche Insekten anziehen. Die essbare Chrysantheme „Shungi-ku" ist ebenfalls eine stark riechende und effektive Pflanze, die vor allem Kohlgewächse vor Schädlingen schützt. Auch die afrikanischen und mexikanischen Mitglieder der Tagetesfamilie haben sich bewährt. Sie werden allerdings viel größer.

Schnittlauch und Knoblauch gelten als gute Nachbarn für die meisten Pflanzen. *Limnanthes douglasii*, Bienenfreund, Tagetes, *Convolvolus tricolor* und Erdbeeren sind ebenfalls exzellente Nachbarn, besonders, um nützliche Insekten anzulocken. Kapuzinerkresse hält Wollläuse von Apfelbäumen fern. Lavendel und Rosen sind eine klassische Kombination, die jeder kennt. Ich baue auch Katzenminze an, die im Winter abstirbt und sich wunderbar zum Mulchen eignet.

Kapuzinerkresse ist nicht nur hübsch anzusehen, sondern auch sehr nützlich und darüber hinaus essbar.

● **Mischkultur und Krankheitsvorbeugung**

Viele Gärtner finden, dass einige Pflanzen wie z. B. Nesseln und Mitglieder der Zwiebelfamilie helfen, Pilzerkrankungen und Bakterienbefall bei anderen Pflanzen zu verhindern. Natürlich wollen wir keine Brennnesseln überall im Garten, aber in einem eher wilden Garten sollten schon einige wachsen. Sie schmecken übrigens auch gut im Salat, wenn sie jung geerntet werden. Aber es gibt auch hübschere Verwandte, die ebenfalls für eine Mischkultur geeignet sind, lange blühen und besser in Ziergärten passen.

Kapuzinerkresse gilt als unschlagbar, wenn es darum geht, Wollläuse von Apfelbäumen abzuhalten.

Schnittlauch und Knoblauch werden schon lange neben Rosen, Obst und Zierpflanzen angebaut, um Pilz- und Bakterienbefall zu verhindern. Sie speichern Schwefel, darum ist es gut möglich, dass sie Pilze und Bakterien abwehren. Es gibt noch andere Ziergewächse der Zwiebelfamilie, die vermutlich ebenso wirken und als Pflanzen hübscher sind – wobei man nichts gegen die Blüte von Lauch sagen kann! Kamille soll der Pflanzendoktor schlechthin sein. Auf jeden Fall duftet sie gut und man kann beruhigenden Tee daraus machen.

● **Mischkultur im Ziergarten**

Die meisten nutzbringenden Pflanzen wie Tagetes und duftende Kräuter, die Obst und Gemüse bei der Krankheiten- und Schädlingsabwehr helfen, nutzen auch den Zierpflanzen. Wenn Sie also im Garten den Anbau von Ziersträuchern und -bäumen planen, sollten Sie auch dort einige Nützlinge pflanzen. Mischen Sie im Ziergarten Pflanzen, die tiefe Wurzeln haben, mit solchen, die flach wurzeln, und lassen Sie etwas Platz für Pflanzen wie Akazien, Judasbaum, Ginster, Gleditschien, Pfriemenginster und Geißklee.

Das Gleiche gilt auch für den Kräutergarten: Pflanzen Sie hier ein paar dichte immergrüne Gruppen und mischen Sie Nützlinge darunter wie Lupinen, Geißklee, Indigo, Süßklee und Wicke.

Wenn das Obstzelt mit Sumpfblumen bepflanzt wird, bleibt eine gesunde Menge an Fressfeinden und Nützlingen am Leben.

Grundregeln der Pflege

Mit den richtigen Methoden und unter idealen Bedingungen gedeihen alle Pflanzen und wachsen fleißig ohne Verzögerung. Pflanzen hingegen, die einmal in ihrem Wachstum gehindert wurden, werden sich nie mehr so gut entwickeln wie die Pflanzen, die ungestört wachsen: Ihr Gewebe wird härter und das Wachstum dadurch gehemmt.

Pflanzen anzubauen ist ein bisschen wie Babys zu versorgen. Besonders schwierig ist die erste kritische Phase, aber danach sind sie abgehärtet genug, um auch einen etwas weniger vorsichtigen Umgang ohne Schäden zu verkraften. Der Biogärtner sorgt für ein stressfreies Leben für die Pflanzen von Anfang an und hält Unkraut und andere unerwünschte Lebewesen in Schach. So wachsen gesunde, kräftige Pflanzen heran, die Angriffe von Schädlingen und Krankheiten überstehen – so wie ein gesunder Mensch eine Erkältung einfach abschüttelt.

Der Anbau von Pflanzen ähnelt in mancherlei Hinsicht der Babypflege.

● **Fruchtwechsel**
Im Gemüsegarten gehört der Fruchtwechsel zu den wichtigsten Techniken (s. S. 88). Wenn Sie die Pflanzen jedes Jahr an anderer Stelle anbauen, werden Krankheiten und Schädlinge, die in der Erde überwintern, im Frühjahr merken, dass ihre „Opfer" verschwunden sind. Das Gleiche gilt für das Umpflanzen: Ersetzen Sie niemals eine tote Pflanze durch eine der gleichen Art. Fruchtwechsel führt auch dazu, dass sich die Bedingungen in der Erde immer wieder verändern, wodurch weniger Schädlinge oder Sporen von Krankheiten überleben.

● **Das richtige Timing**
Pflanzen, die in der richtigen Saison angebaut werden, haben die besten Chancen, gesund zu bleiben und Krankheiten zu überstehen. Aber manchmal ist es auch von Vorteil, früher oder später zu säen, wenn das Gemüse auf diese Weise den schlimmsten Angriffen eines Schädlings entgeht. So werden Frühkartoffeln bereits geerntet, bevor Braunfäule ein Problem wird. Dicke-Bohnen-Pflanzen, die überwintert haben, sind im Frühjahr zu hart, um von schwarzen Blattläusen angefallen zu werden. Früh gesäte Möhren entgehen der Möhrenfliege, wenn sie auch früh geerntet werden. Für Spätmöhren gilt das Gleiche, sie entkommen dem Schädling am Ende der Saison.

● **Schädlinge und Krankheiten**
Wenn Sie Pflanzen drinnen vermehren, bekommen diese einen besseren Start ins Leben und entkommen manchem Schädling. Sie können Pflanzen auch vor Schädlingen schützen, indem Sie diese isolieren, wenn sie am empfindlichsten sind. Im Freien gesäte Rote Bete kann von Vögeln komplett aufgefressen werden. Wenn die Pflanzen aber erst nach draußen kommen, wenn sie größer sind, haben sie gute Überlebenschancen.

Algendüngerspray
Diese Düngemittel werden aufgesprüht, um das Wachstum der Pflanzen zu verbessern und außerdem Schäden durch Schädlinge und Krankheiten zu minimieren. Sie wirken nicht wie Pestizide, sondern stärken die Abwehrkräfte der Pflanze. Auch der Geruch kann Schädlinge verwirren.

Wenn Sie Pflanzen drinnen vermehren, kann man sich auch die Arbeit des Ausdünnens sparen, bei der manchmal Schädlinge angezogen werden, weil der Duft der Pflanzen verbreitet wird – besonders kritisch bei der Möhren- und Zwiebelfliege.

Wer im Sommer strauchartige Pflanzen zurückschneidet, schränkt zwar das Wachstum der Pflanze ein, fördert aber die Bildung von Blüten und Früchten. So kann man eine sich entwickelnde Schädlingspopulation vernichten, vor allem Blattläuse, die meist an den Spitzen der Pflanzen sitzen. Während der Wintermonate sollten Sie schweren Mulch vom Herbst beiseiteharken. Dadurch stören Sie Schädlinge, die dort überwintern. Dies ist besonders sinnvoll bei der Stachelbeer-Sägewespe und dem Stachelbeer-Käfer. Wenn Sie vor dem Säen im Frühjahr nochmals Mulch verteilen, begräbt er Sporen und anderes infiziertes Material unter sich.

Die Rose „Zéphirine Drouhin" wächst der Weinpflanze entgegen. Beide zusammen schaffen eine schattige Oase.

Dieser Gartenpfad wird von der dichten *Leylandii*-Hecke und dem hellgrünen Mutterkraut begrenzt.

Bewässerung

Der Hauptgrund dafür, dass Pflanzen nicht gedeihen, ist entweder zu viel oder zu wenig Wasser – viele Pflanzen leiden aus diesem Grund mehr als aus allen anderen Gründen zusammen. Während der intensiven Wachstumsphasen ist es kaum möglich, Pflanzen draußen zu überwässern. Topfpflanzen kann man im Winter kaum zu wenig gießen. Doch zwischen diesen beiden Extremen gibt es sehr viele Möglichkeiten, Fehler zu machen.

Dieser Thymianbusch wächst an einer idealen Stelle: Bodenwärme ist ebenso garantiert wie Kühle für die Wurzeln.

Pflanzen, die gegen Trockenheit resistent sind

Da unser Klima eher trockener wird und wir außerdem Wasser sparen sollten, sollten wir weniger Pflanzen anbauen, die viel Wasser brauchen. Anstatt farbenfroher Blumenbeete können wir immergrüne, anspruchslose Pflanzen für den Bodenbewuchs wählen. Auch große Rasenflächen können schon bald der Vergangenheit angehören. Pflanzen aus dem Mittelmeerraum sind daran gewöhnt, nur sehr wenig Wasser zu bekommen, aber man muss auch bedenken, dass diese Pflanzen auf sandigen, trockenen Böden wachsen und nicht resistent gegen starken Frost sind. Die meisten Kräuter gedeihen in heißem, sonnigem Klima bestens. Es gibt leider nicht viele Gemüsepflanzen, die trockenen Boden mögen. Manche zweijährigen Pflanzen und Pflanzen mit tiefen Wurzeln gedeihen besser als Gemüse. Geeignet sind Trauben und Feigen.

Versuchen Sie draußen den Winterregen mithilfe von Mulch zu speichern, ansonsten sollten Sie (außer in extrem trockenen Zeiten) nur zu bestimmten Zeiten gießen: vor dem Säen, gerade erscheinende Setzlinge und frisch umgepflanzte Pflanzen. Bei langer Trockenheit sollten Sie Ihre Lieblingspflanzen einmal üppig gießen, anstatt sie öfter mit wenig Wasser zu beglücken, das in der Regel schnell verdunstet. Reduzieren Sie Unkraut und mulchen Sie gut.

Gießen Sie das Wasser nicht großflächig auf die Erde um die Pflanze herum, da es schnell verdunstet. Stattdessen sollten Sie so gießen, dass das Wasser möglichst tief zu den Wurzeln gelangt. Eine gute Idee sind Plastikflaschen, die wie Trichter wirken: Schneiden Sie den Boden der Flasche ab. Setzen Sie die Flasche mit dem Hals voraus in die Erde und gießen Sie das Wasser oben in den Trichter hinein. Es kann schnell hineingegossen werden, es verteilt sich aber nur langsam. Plastikwasserflaschen, von denen Sie den Einfüllstutzen abschneiden, bringen ebenfalls schnelle Ergebnisse. Verwenden Sie für das Wässern der Erdoberfläche aber Gießkannen mit Schnabel und Brauseauslauf.

Grundsätzlich ist Regenwasser besser als Leitungswasser, weil es meist wärmer ist, wenn es aus der Tonne kommt. Außerdem enthält es weniger Mineralien und kein Chlor oder Fluor. Da Regenwasser aber nicht steril ist, kann es kleine Setzlinge schädigen.

Wenn es sehr trocken ist, wässern Sie mit einem kräftigen Guss nur die kostbarsten Pflanzen.

● Automatische Bewässerung

Das kann simpel sein: eine Zisterne, die sich langsam füllt und von selbst leert, oder eine konstante Wasserzufuhr von einem Netzwerk von Röhren und unterirdischen porösen Schläuchen. Natürlich gibt es auch komplexe Systeme: Ein Nebel- oder Sprühsystem, das von einem Timer ausgelöst wird, entweder elektrisch oder durch computergesteuerte Sensoren. Diese sind allerdings teuer und Sie werden etwas Zeit investieren müssen, bis alles richtig eingestellt ist und funktioniert.

Die einfachste Bewässerungsmethode für vereinzelte Pflanzen ist diese: Ein mit Wasser gefüllter Behälter steht höher als der Topf mit der Pflanze. Eine Art Docht aus einem aufgerollten Stück Stoff führt vom Reservoir hinunter in die Erde.

Optimale Nutzung von Regenwasser

Um Regenwasser zu nutzen, können Sie Wassertonnen durch Ansaug-Absaug-Rohre miteinander verbinden. Eine große Tonne, die beim Regenfallrohr auf der Terrasse steht, kann ein halbes Dutzend Tonnen im Garten mit Wasser versorgen. Diese Tonnen müssen alle auf der gleichen Höhe stehen, sodass bei der Entnahme von Wasser aus einer Tonne diese sofort wieder aufgefüllt wird. Mit dieser Methode verschwenden Sie kein Regenwasser und müssen nicht mehr mit schweren Gießkannen weite Wege gehen.

Diese Wassertonne wurde aus einer Gefriertruhe gebaut, die in mattem Schwarz gestrichen ist.

Schritt 5:
Tiere anlocken

Der Biogärtner möchte möglichst viele verschiedene Tiere im Garten haben. Je mehr Lebensformen, desto stärker halten sie sich gegenseitig in Schach und desto mehr nützlicher Dünger wird produziert. Außerdem ist es spannend, Tiere zu beobachten. Indem wir Kleintiere anlocken, helfen wir größeren. Natürlich tat mir die Amsel leid, die einmal vor meinen Augen vom Habicht gefangen wurde – aber im Sommer davor habe ich eine Amsel dabei beobachtet, wie sie einen Molch verspeiste.

Wie man wild lebende Tiere anlockt

Es ist einfach, wild lebende Tiere mit einer großen Auswahl an Futter zu versorgen – man braucht nur einen Garten! Doch leider haben wir durch unseren Ordnungswahn viele Schlupfwinkel und Verstecke, in denen Tiere leben könnten, zerstört. So greifen wir heute oft auf künstliche Vogelnester zurück, weil es keine echten mehr gibt. Natürlich soll ein Taubenschlag auch dekorativ aussehen und nicht nur nützlich sein, aber meistens genügt doch nur ein kleines Vogelhäuschen, das sogar aus recyceltem Material selbst gemacht und auch gut im Garten versteckt werden kann.

Die kleinsten Lebewesen überwintern unter trockenen Stöcken oder Steinhaufen. Andere mögen es feucht. Legen Sie ein paar alte Holzscheite neben eine Wasserstelle und schon bald werden Käfer dort ihre Eier legen.

Fingerhut und ein alter Holzklotz bilden einen Schlupfwinkel für wild lebende Tiere und sehen auch noch hübsch aus.

● Wasser im Garten

Wasser muss in jeden Biogarten. Selbst ein winziger Brunnen schafft Atmosphäre und lockt wild lebende Tiere an. Wenn Vögel, Insekten und kleine Säugetiere erst einmal da sind, kümmern sie sich auch gleich ums Ungeziefer. Außerdem fressen Vögel weniger Obst, wenn sie Zugang zu Wasser haben. Ein kleines Vogelbad passt in jeden Garten – am besten dorthin, wo Sie es beobachten können und es sicher vor Katzen ist. Ein kleiner Brunnen bringt Freude und kann, wenn Platz ist, mit einem Teich verbunden werden. Auch ein Teich muss nicht groß sein, um Tiere anzulocken. Wichtig ist, dass er nie austrocknet. Sie müssen bei jedem Teich unbedingt einen Ein- und Ausstieg für Tiere schaffen und außerdem einen Zaun bauen, wenn Sie kleine Kinder haben.

Die nach Honig duftende *Buddleia* zieht viele nützliche Insekten an.

> Teiche müssen nicht groß sein, um wild lebende Tiere anzulocken.

Ein Teich ist ein wichtiger Bestandteil im Biogarten, da er viele wild lebende Tiere anlockt.

In einem großen Garten können Sie auch mehrere Teiche anlegen und dadurch mehrere Ökosysteme kreieren. Ein großer Teich schafft ein Mikroklima, das den Pflanzen in der Umgebung zugutekommt. Die Wasseroberfläche reflektiert Sonnenlicht und außerdem ist ein großer Teich ein unerschöpfliches Wasserreservoir.

Legen Sie die Grube für den Teich mit Zeitungspapier und altem Teppich aus, damit die Teichfolie nicht von Steinen durchlöchert wird. Legen Sie einen alten Teppich mit der Unterseite nach oben auch über die Ränder der Grube. Butylfolie ist das beste Material, weil es am längsten hält, aber auch die billigeren Folien erfüllen ihren Zweck, wenn Sie dafür sorgen, das sie nicht durchlöchert werden. Füllen Sie Wasser ein und lassen Sie es eine Woche stehen. Es erwärmt sich und verliert Chlor. Dann können Sie den Teich beleben. Nehmen Sie einen Eimer und füllen Sie ihn in einem natürlichen Teich in der Nähe mit Wasser und Schlamm. Geben Sie beides in Ihren Teich – schon ist der Anfang für ein neues Ökosystem gemacht!

Schlupfwinkel, Hecken und Igel

Außer Wasser und Nahrung sollten Sie den nützlichen Tieren auch Orte zum Ruhen, Überwintern und für die Eiablage bieten. Denken Sie darüber nach, wo die Tiere sich in der Natur aufhalten, und schon wissen Sie, was gebraucht wird.

● **Verstecke**

Frösche, Kröten und Molche kommen dorthin, wo Wasser ist. Allerdings verbringen sie einen großen Teil ihres Lebens an Land, nicht im Wasser. Im Winter brauchen sie feuchte, frostfreie Orte, am besten feuchte Höhlen neben einem Teich, die von oben gut isoliert sind und so hoch liegen müssen, dass sie nicht überflutet werden. Solche Höhlen lassen sich leicht aus alten Abflussrohren, Ziegelsteinen und Steinen bauen. Abgedeckt werden sie mit Erde und Torf.

Stapel aus verrottendem Holz und Rinde schaffen Lebensraum und sind auch nützlich als niedrige Mauern um den Gartenteich, wo sie Kinder und Reiher davon abhalten, an den Teich zu gehen. Manche Gärtner fürchten, dass diese Lebensräume auch die Entwicklung von Ungeziefer und Krankheiten fördern. Ich selbst habe das nie erlebt und sehe die Gefahr eher bei frisch geschnittenen Holzstämmen.

Aufgehäufte Steine, Ziegelsteine und Kacheln können ideale Orte für manche Tiere zum Nestbau und zum Überwintern sein, am besten unter einem dichten Gebüsch oder einer Hecke. Auch Sandhaufen ziehen interessante und nützliche Insekten an.

Hecken, insbesondere dichte immergrüne Hecken, schaffen viele natürliche Nischen für Tiere, um darin zu leben. Gemischte formlose Hecken sorgen hier für Vielseitigkeit, während ordentliche formale Hecken meist im Inneren trockene Stellen haben, die ideal für Nester und zum Überwintern sind.

Der Boden unter der Hecke kann durch die abgeschnittenen Äste der Hecke mit einer dicken Schicht gemulcht werden – auch diese lockt viele Tiere an.

● **Florfliegenhotel und Marienkäferzuflucht**

Florfliege und Marienkäfer sind die wichtigsten Helfer aus dem Insektenreich, da sie einerseits Pflanzen befruchten und andererseits natürliche Gegenspieler vieler Schädlinge sind. Bauen Sie ihnen ein Winterquartier aus einem Bündel von hohlen Stängeln. Diese können ganz einfach zusammengebunden werden oder aber in Plastik isoliert werden – schneiden Sie dafür von einer Plastikflasche den Hals und den Boden ab. Legen Sie diese Gebilde in dichte immergrüne Sträucher, Bäume und Hecken.

● **Igel**

Diese wunderbaren, nützlichen Schneckenfresser brauchen ein trockenes Quartier zum Überwintern. Eine Holzkiste (Grundfläche etwa 45–60 cm groß) ist perfekt, aber auch eine stabile Pappkiste tut ihre Dienste, wenn sie gut isoliert ist und beispielsweise unter den Boden des Gartenschuppens gestellt wird. Sorgen Sie für einen Eingang und eine Schüssel mit Wasser. Geben Sie Igeln keine Milch und kein Brot. Katzen-, Hundefutter oder Sardinen sind besser.

Nützliche Insekten anlocken

Wer ein Ökosystem schaffen will, das sich von selbst reguliert, muss dafür sorgen, dass die nützlichen Räuber genug zu fressen finden. Das bedeutet: Er muss Pflanzen anbauen, die Nektar, Früchte und Blütenstaub hervorbringen; außerdem muss er Schutz bieten für kleine und große Tiere, d. h. Orte für Nestbau und Überwinterung schaffen, für einen gut zugänglichen und nie versiegenden Wasserzugang sorgen und „Opferpflanzen" zur Verfügung stellen, an denen die Schädlinge leben können, von denen die Räuber und Parasiten sich ernähren.

In Mischkultur angebaute Pflanzen, die nützliche Räuber anziehen, sollten lange blühen und früh damit beginnen. Doch nicht alle Blumen sind gleichermaßen nützlich: Blüten mit tief liegenden Kelchen und Blüten mit dicht stehenden Blütenblättern, die in erster Linie wegen ihrer Schönheit gezüchtet worden sind, sind nicht so effektiv beim Anlocken von nützlichen Räubern.

Die Schwebefliege gehört zu den besonders nützlichen Insekten. Sie wird von der Sumpfblume angelockt. Diese können Sie unter Rosen, Sträuchern und Obstbäumen aussäen. Marienkäfer, Florfliegen und Raubwespen werden ebenfalls von der Sumpfblume angelockt, mögen darüber hinaus aber auch Zwiebelgewächse, Hundskamille, Fenchel und Schafgarbe. Blattläuse suchen Nesseln, Geißblatt, Süßkirschen und Lupinen, die damit ideale Jagdgründe für Räuber und Parasiten darstellen.

Blüten mit dicht stehenden Blütenblättern, die wegen ihrer Schönheit gezüchtet wurden und weniger Nektar haben, sind nicht so effektiv.

Der Schmetterlingsstrauch lockt die wunderschönen Pfauenaugen an.

Die Läuse auf diesem Fingerhut richten kein Unheil an und sind abgelenkt von Pflanzen, denen sie schaden könnten.

Nützliche Insekten anlocken

Pflanzen, die Insekten und Vögel anlocken

Pflanze	Angelockte Tiere					
	Schwebe-fliegen	Bienen	Marien-käfer	Flor-fliegen	Schmetter-linge	Vögel
Achillea millefolium (Schafgarbe)	•	•	•	•		
Ajuga reptans (Kriechender Günsel)		•				
Allium schoenoprasum (Schnittlauch)		•				
Anchusa azurea (Ochsenzunge)		•				
Anethum graveolens (Dill)	•					
Angelica archangelica (Engelwurz)	•					
Anthemis (Hundskamille)				•		
Arabis caucasia (Gänsekresse)		•				
Bergenie	•					
Borago officinialis (Borretsch)		•				
Buddleja davidii (Schmetterlingsstrauch)				•	•	
Calendula (Tagetes)	•		•			
Campanula (Glockenblume)		•				
Centaurea (Kornblume)	•					
Centhranthus ruber (Baldrian)		•			•	
Chrysanthemum (Chrysantheme)	•					
Convolvulus tricolor (Winde)	•			•		
Coreopsis garndiflora (Mädchenauge)		•				
Cosmos (Kosmee)	•	•		•		
Delphinium (Rittersporn)		•				
Digitalis (Fingerhut)		•				
Dipsacus fullonum (Karde)		•			•	•
Echinops ritro (Blaue Kugeldistel)		•				
Eryngium (Mannstreu)		•				
Erysium (Schöterich)		•				
Eschscholzia californica (Goldmohn)		•				
Filipendula ulmaria (Spierstrauch)						•
Foeniculum vulgare (Fenchel)	•	•	•			
Geranium (Geranie)						•

Pflanze	Angelockte Tiere					
	Schwebefliegen	Bienen	Marienkäfer	Florfliegen	Schmetterlinge	Vögel
Gypsophila (Schleierkraut)		•			•	
Helianthus (Sonnenblume)		•			•	•
Heliotropium arborescens (Vanilleblume)					•	
Hyssopus officinalis (Ysop)		•				
Iberis (Schleifenblume)					•	
Lamium album (Taubnessel)		•				
Lavandula (Lavendel)		•				
Lavatera (Malve)		•				
Levisticum officinale (Liebstöckel)	•					
Limnanthes douglasii (Sumpfblume)	•	•				
Lobularia maritima (Steinkraut)		•			•	
Lonicera (Geißblatt)		•			•	
Lunaria biennis (Mondviole)					•	•
Lysimachia punctata (Gelbweiderich)		•				
Mentha (Minze)		•			•	
Monarda didyma (Indianernessel)		•			•	
Muscari (Traubenhyazinthe)		•				
Myosotis (Vergissmeinnicht)		•				
Myrris odorata (Süßdolde)	•					
Nepeta (Katzenminze)		•			•	
Origanum vulgare (Majoran)		•			•	
Papaver officinale (Mohn)		•				
Phacelia tanacetifolia (Bienenfreund)	•	•				
Pyracantha (Feuerdorn)						•
Reseda odorata (Reseda)		•			•	
Ribes (Johannisbeere)		•				
Rosmarinus officinalis (Rosmarin)		•				
Rudbeckia (Sonnenhut)	•					
Saponaria officinalis (Seifenkraut)					•	
Sedum spectabile (Fetthenne)		•			•	
Solidago (Goldrute)	•	•		•		
Symphytum officinale (Beinwell)		•				
Tagetes (Tagetes)	•					
Thymus (Thymian)		•				
Trifolium (Klee)		•				

Nützliche Vögel anlocken

Am besten lassen sich Vögel anlocken, indem man ihnen Nistplätze zur Verfügung stellt, denn diese sind heute leider rar. Es ist sehr wichtig, einige nützliche Vögel im Garten zu haben. Blaumeise, Großmeise, Baumsperlinge und andere insektenfressende Vögel brauchen kleine Holzkisten (etwa 13–15 cm breit, tief und hoch) mit einem Loch an der Vorderseite von etwa 4 cm Durchmesser. Rotkehlchen, Bachstelzen und Fliegenschnäpper brauchen eine etwas größere Öffnung (etwa 5 x 7 cm groß). Diese Kisten ähneln den natürlichen Nistplätzen der Vögel und sollten so an Bäumen befestigt werden, dass Katzen und andere Jäger nicht herankommen. Damit Sie das Kommen und Gehen beobachten können, sollten Sie die Kisten dorthin hängen, wo Sie diese vom Haus aus sehen. Das gilt nicht für Nistkisten für Rotkehlchen – diese hängen Sie am besten gut versteckt in Sträuchern oder Hecken auf. Amseln und Drosseln bauen ihre Nester selbst, wenn sie dichte immergrüne Hecken und Sträucher vorfinden. Wer Sträucher mit Beeren hat, lockt ebenfalls Vögel an.

Futter für die Vögel

Am einfachsten ist es, Erdnüsse auszulegen (kaufen Sie nur Ware, die kein Aflatoxin enthält) und spezielles Vogelfutter, das Sie im Tiergeschäft bekommen. Bei den Überlegungen zur Gestaltung Ihres Gartens sollten Sie bedenken, wo Sie Vogelfutter und Vogelbad platzieren möchten. Vor allem, wenn Sie eine hängende Futterstelle möchten, müssen Sie sich Gedanken über den besten Ort dafür machen. Den Vögeln ist es egal, wo sie fressen, solange sie von plötzlichen Angriffen von Katzen oder Hunden geschützt sind. Wenn Sie den Vögeln beim Fressen gerne zusehen möchten, sollten Sie die Futterstelle so wählen, dass Sie diese von einem Fenster aus sehen können.

Beeren und Samen sind die Hauptnahrung für viele Vögel. Diese können Sie durch den Anbau der entsprechenden Sträucher und Pflanzen im Garten bieten. Kleine Bäume wie *Sorbus* (Mehlbeere) und *Ilex aquifolium* (Europäische Stachelpalme) tragen Beeren, die bei Vögeln während des Winters sehr beliebt sind.

Mehrjährige Pflanzen liefern außerdem reichlich Samen. Viele Vögel, besonders Distelfinken, kommen in Scharen in die Gärten, um liegen gebliebene Samenkörner zu fressen. Lassen Sie ein paar alte Sträucher und Pflanzen im Winter stehen, auch wenn der Garten ein bisschen unordentlich aussieht. Sie sind ein hervorragendes Versteck für viele Insekten, an denen sich wiederum die insektenfressenden Vögel gütlich tun.

Die attraktiven roten Beeren der Roten Heckenberberitze locken Wacholderdrosseln und Rotdrosseln an.

Bäume und Sträucher, die Beeren tragen

Pflanze	Erkennungsmerkmale
Berberis thunbergii (Rote Heckenberberitze)	Ein laubabwerfender Strauch mit hellroten Beeren im Winter für Drosseln, darunter Wacholder- und Rotdrosseln
Cotoneaster horizontalis (Zwergmispel)	Rote Beeren im Winter locken Drosseln und Seidenschwänze an.
Crataegus monogyna (Eingriffeliger Weißdorn)	Glänzende, dunkelrote Beeren, die wunderbares Vogelfutter für viele Arten sind, unter anderem für Stare, Finken, Krähen, Blaumeisen, Drosseln und Seidenschwänze.
Hedera helix (Efeu)	Herbst- und Winterbeeren sind wichtiges Futter für Tauben, Seidenschwänze, Drosseln, Eichelhäher, Stare und Finken.
Ilex aquifolium (Europäische Stechpalme)	Die roten Herbst- und Winterbeeren sind insbesondere bei Drosseln beliebt.
Leycesteria formosa (Karamellbeeren)	Im Herbst locken rot-lilafarbene Beeren Meisen, Drosseln, Finken und Triller an.
Lonicera periclymenum (Waldgeißblatt)	Glänzend rote Beeren im Herbst schmecken Rotkehlchen, Amseln, Singdrosseln, Gartentrillern, Meisen, Krähen, Finken und Seidenschwänzen.
Pyracantha (Feuerdorn)	Knallorangefarbene Früchte in Herbst und Winter schmecken Waldtauben und Drosseln.
Sambucus racemosa (Roter Holunder)	Seidenschwänze und Drosseln genießen die Beeren im Herbst.
Sorbus aria (Echte Mehlbeere)	Die farbenfrohen Herbstbeeren sind wertvolles Futter für Waldtauben, Wacholderdrosseln, Rotdrosseln und Amseln.

Ökologischer Anbau

Gemüse und Früchte benötigen bestmögliche Bedingungen, das heißt, sie brauchen fruchtbaren, reichhaltigen Boden, der zuvor gut mit Kompost versorgt wurde. Bei magerem Boden müssen Sie zunächst eine ganze Menge Arbeit hineinstecken, bevor es sich überhaupt lohnt, Nutzpflanzen anzubauen.

Das Gemüsebeet

Ein sonniger Standort ohne überhängende Bäume ist ideal. Tiefgründiges, nasses Sumpfland sollte vermieden werden, da man die Winterernte einbüßen könnte und im Frühling mit Frostschäden rechnen muss. Das Beet sollte nicht zu weit von Küche, Wasseranschluss und Geräteschuppen entfernt liegen, damit nicht zu viel Zeit mit hin und her laufen verlorengeht.

● Fruchtfolge

Sie sollten darauf achten, dass Sie nicht Jahr für Jahr dieselben Nutzpflanzen an denselben Standorten anbauen. Wechseln Sie ab oder lassen Sie das Feld auch einmal ein bis zwei Jahre ganz brach liegen. Was Sie danach pflanzen, ist nicht so wichtig, obwohl manche Kombinationen etwas weniger zufriedenstellend sind – Kartoffeln z. B. fühlen sich nicht sehr wohl, wenn in ihrem Boden zuvor Kohl oder Hülsenfrüchte angebaut worden sind, vor allem wenn davor mit Kalk gedüngt wurde. Wichtig ist, dass

Ein Gemüse- und Kräuterbeet sollte nicht zu weit von der Küche entfernt angelegt werden.

Kartoffeln, Tomaten oder Kohl möglichst mehrere Jahre nicht an derselben Stelle angepflanzt werden. Bei anderen Gemüsearten genügt oftmals nur ein Jahr Pause.

Je abwechslungsreicher die Fruchtfolge und je länger die Abstände, desto besser ist natürlich das Resultat. Ihr Boden dankt es Ihnen, wenn Sie dazwischen ein paar Jahre lang Blumen, Erdbeeren oder Artischocken anpflanzen.

● **Anpflanzen in Reihen oder Beeten**

Das Anpflanzen in Reihen oder in Beeten sind alternative Pflanzformen. Bei Pflanzen, die man stützen muss wie z. B. Erbsen, sollten die Reihen in nord-südlicher Richtung verlaufen, damit der Boden dazwischen nicht im Schatten liegt. Bohnen und Erbsen können auch im Kreis angebaut werden, indem man oben auf der Stange ein Rad anbringt, von dem man Schnüre herunterlässt. Reihen brauchen viel Platz, die Pfade werden eng und müssen gegraben werden. Bei den meisten Nutzpflanzen, vor allem bei sehr dichten Pflanzen wie z. B. Möhren, sind Beete von Vorteil. Nicht nur, weil man Platz spart und sich das Graben in Grenzen hält, sondern auch weil das Unkraut nicht so sprießt. Sobald die Pflanzen die Hälfte ihrer Größe erreicht haben, stoßen die Blätter aneinander, lassen weniger Sonnenlicht durch und verhindern den Wuchs von Unkraut. Außerdem entsteht dadurch ein sehr positives Mikroklima, das den Feuchtigkeitsverlust verhindert. Falls Gartenvlies oder -netze zur Schädlingsbekämpfung eingesetzt werden, spricht auch das für die Anpflanzung in Beeten. Für eine erfolgreiche Ernte empfiehlt sich lockere, reichhaltige Erde, damit die Wurzeln auf der Suche nach Nährstoffen tiefer gehen können.

● **Hochbeete**

Der Vorteil eines Hochbeetes ist der, dass es abgeteilt ist, sich abhebt und man einen schmalen Pfad darum herum hat. Man betritt das Beet nicht und muss nur alle sieben bis acht Jahre umgraben. Der Anbau im Beet ist einfach und Reihen sind trotzdem möglich, sofern das Beet in Nord-Süd-Richtung verläuft. 1,20 m sind eine

ideale Breite, da das Beet so von beiden Seiten gut zugänglich ist. Die Länge sollte 5 m nicht überschreiten. Das Anpflanzen im Hochbeet ist übersichtlich und die Fruchtfolge kann leicht eingehalten werden.

Feste Beete werden im Laufe der Zeit zu Hochbeeten, da sie durch Mulch, Kompost und Wurzelwerk von selbst höher werden. Das schont nicht nur den Rücken, sondern hat auch andere Vorteile. Je höher das Beet wird, desto mehr Oberfläche steht zur Verfügung. Außerdem sind Sauerstoffversorgung und Verdunstung besser. Im Frühjahr erwärmt sich der Boden schneller und die Saat beginnt schneller zu sprießen. Im Winter sind die Pflänzchen besser vor kalter Luft geschützt, da kältere Luft nicht aufsteigt.

Andererseits trocknen Hochbeete im Sommer schneller aus und Mulch rutscht weg oder wird von Vögeln herausgepickt. Die Vorteile sind dennoch größer als die Nachteile. Vor allem bei Hochbeeten in Nord-Süd-Richtung entsteht ein nützliches Mikroklima. Die sonnige Seite eignet sich für Früherntern und zarte Kräuter und die schattigere Seite ist ideal für Salat und Blattgemüse. Die Seiten sind windgeschützt und bleiben feucht, ideal für Lauch- und Wurzelgemüse sowie Salat. Die Mitte eignet sich für Zwiebeln, Schalotten, Kohl, Hülsenfrüchte und Wintergemüse.

> *Das Gemüsebeet sollte nicht zu weit von der Küche entfernt sein.*

Trampelpfade genügen, werden aber schlammig bei Nässe. Sand oder kleinkörniger Schotter eignen sich besser und wenn davon ein wenig in den Boden gelangt, ist es nicht weiter schlimm.

Wenn Sie ein Beet künstlich mit Planken, Ziegelsteinen oder Ähnlichem erhöhen, reduziert sich dadurch die bepflanzbare Oberfläche, viele nützliche Faktoren des Mikroklimas gehen verloren, die Kosten werden erhöht und Nistplätze für Schädlinge werden geschaffen.

Ökologischer Anbau 89

Pflanzen im Treibhaus

Treibhäuser sind ein wahrer Segen. Sie sind eine hervorragende Hilfe beim Heranziehen von Pflanzen. Es gibt sie in jeder Grösse, für jeden Geldbeutel und jeden Garten. Allerdings können sie auch schnell ins Geld gehen und man verschwendet eine Menge Zeit, wenn man sie mit empfindlichen Topfpflanzen füllt. Je kleiner der Garten, desto nützlicher ist ein Treibhaus. So können Pflanzen anwachsen, bevor man sie später ins Freiluftbeet setzt.

Ein Treibhaus sollte in der Nähe des Hauses aufgestellt werden, da es leicht zugänglich sein sollte. Andererseits bietet es nicht immer einen schönen Anblick und durch Abdecken ist es weniger lichtdurchlässig. Ein begehbares Gewächshaus ist in vieler Hinsicht die praktischere Lösung. Ein Wasseranschluss in der Nähe ist wichtig und mit Strom und Licht kann man auch abends noch darin arbeiten. Pflanzen lassen sich schnell vermehren. Ein Treibhaus aus Holz ist nicht nur schöner als eines mit Metallgestänge, es ist meist auch wärmer. Eine zusätzliche Plastikisolierung hat Vor- und Nachteile. Sie hält das Treibhaus zwar wärmer, vermindert aber den Lichteinfall. Ein Treibhaus sollte immer ausreichend belüftet sein.

Folientunnel

Folientunnel sind optisch weniger ansprechend als Gewächshäuser, doch sie sind preiswert und haben ein geringes Gewicht. Daher sind sie bei einem großen Garten ideal. Eine gute Belüftung ist wichtig, da die starke Feuchtigkeitsbildung schnell zu Pilzbefall führen kann. Die Folie sollte etwa alle vier Jahre erneuert werden, praktischerweise dann, wenn der Tunel wegen der Fruchtfolge verlagert wird.

● **Das ökologische Bearbeiten eines Gewächshauses**

Ob Gewächshaus oder Folientunnel, es ist und bleibt eine künstliche Art des Gartenbaus. Da das natürliche System das Eindringen von Schädlingen oder Krankheiten nicht kontrollieren kann, die Temperaturen zu heiß werden können und kein Regenwasser fällt, ist ständiges Eingreifen erforderlich.

Hier gibt es nun zwei Herangehensweisen:
1. Eine „sterile Umgebung" erfordert eine gründliche Säuberung des Gewächshauses mit Hochdruck- oder Dampfreiniger. Befallene Pflanzen werden nur mit den auf den Seiten 37–39 beschriebenen Mitteln behandelt, was eher einer konventionellen Methode des Gartenbaus entspricht.
2. Die Alternative wäre, ein semi-natürliches System zu schaffen, wobei Schädlinge durch natürliche Feinde bekämpft werden:
• Wasser in Untertassen, Strohnester in Töpfen und Kriechpflanzen unter einer Etagenkultur und in einer schattigen Ecke für Käfer, Frösche und Kröten.
• Marienkäfer, Spinnen und andere Schädlingsfresser (s. S. 39) können durch Nester aus gerollter Pappe, die in Spalten und Öffnungen gesteckt werden, angelockt werden. Bei dieser Methode sind organische Pestizide ungeeignet, da sie für die Schädlingsfresser gefährlich wären. Doch Mischkultur ist von Vorteil. Pflanzen Sie z. B. Tagetes vor allem am Eingang des Gewächshauses oder Folientunnels, wo man leicht einmal dagegenstößt. Ihr Duft hält Mottenschildläuse ab, zieht jedoch Bienen und Schwebfliegen an. *Nicotiana* (Tabak) und *Nicotiana sylvestris* (wilder Tabak) eignen sich dazu, da kleine Insekten wie z. B. Thripse an ihren klebrigen Stängeln hängen bleiben.

Ein Folientunnel sieht besser aus, wenn er mit Kletterpflanzen und üppigen Kräuterpflanzen kaschiert wird.

Mottenschildläuse und Thripse, die von der Tagetes nicht verscheucht wurden, bleiben an den klebrigen Stängeln des wilden Tabaks hängen.

Pflanzen sollten besser direkt im Boden wachsen, da man weniger gießen und kompostieren muss. Doch trotz jährlicher Fruchtfolge und großer Mengen an Gartenkompost fällt die Ernte nach etwa fünf Jahren geringer aus. Die Lösung ist einfach: Man gräbt die obere Schicht des Bodens ab und ersetzt sie durch Kompost und frischen, unverbrauchten Gartenboden. Das ist zwar harte Arbeit, ist aber nicht oft nötig, und es ist weniger Arbeit, als jedes Jahr viele Kübel mit Erde zu füllen und zu gießen.

Ein ausgedienter Teppich oder Pappe eignen sich gut dafür, auf Trampelpfade im Gewächshaus gelegt zu werden. Unkraut hat es so schwerer zu keimen und der Boden bleibt feuchter. Gemüse und Früchte werden nicht so schmutzig, es ist angenehmer, darauf zu arbeiten, und wenn die Streifen weggerollt werden, können Nacktschnecken und andere Schädlinge, die sich darunter verstecken, entfernt werden.

Achtung:
Nutzpflanzen im
Gewächshaus
müssen von Hand
bestäubt werden!

● **Gemüse**

Um winterhartes Gemüse zu züchten, ist ein Gewächshaus nicht nötig. In einem Frühbeet oder einem geschützten Fleckchen im Garten sind diese Pflanzen ganz zufrieden, bis sie soweit sind, ins Freiland gesetzt zu werden. Ein Gewächshaus macht es einem allerdings leichter, bessere Bedingungen für die Pflanzen zu schaffen, vor allem am Anfang, wenn sie besonders viel Licht und Wärme brauchen. Das macht sich später bemerkbar, wenn sie zartes Gemüse hervorbringen. Eine Frostschutzhaube ist fast genauso gut, bietet aber nicht genug Raum. Mit den Folientunneln bekommt man zwar das Beste für sein Geld, besonders schön sind sie allerdings nicht. Doch wofür Sie sich auch entscheiden, sorgen Sie dafür, dass das Glas oder Plastik immer sauber sind, denn Licht ist wichtiger als Wärme, besonders bei winterhartem Gemüse.

Eine gute Belüftung ist ebenso wichtig. Zarte Pflänzchen gehen bei voller Sonnenbestrahlung leicht ein, wenn sie keine Luft bekommen. Entweder passen Sie gut auf oder Sie investieren in ein automatisches Belüftungsgerät.

Wenn winterhartes Gemüse erst einmal gut im Topf angewachsen ist, kann es ins Beet gepflanzt werden, aber erst einmal muss es abgehärtet werden. Das heißt, dass die Pflanzen an härtere Bedingungen gewöhnt werden müssen, indem man sie am Tage hinausstellt und bei Nacht wieder abdeckt – aber nur während drei oder vier Tagen. Lassen Sie diese wichtige Übung nicht aus, es sei denn, Sie decken sie mit einer Frostschutzhaube oder durchsichtigen Plastikflaschen ab, sobald Sie die Pflanzen nach draußen setzen. In diesem Fall darf die anfängliche Abhärtung ein bisschen sanfter ausfallen.

● **Früchte**

In kälteren Regionen können empfindliche
Früchte, einschließlich tropischer Sorten, im
Gewächshaus gezogen werden. Das ist ein ausgezeichneter Schutz vor Vögeln und Frost und
man erntet früher. Der Nachteil ist, dass solche
Früchte zu mehr Schädlings- und Krankheitsbefall neigen. Denn ökologisch gesehen gibt es
keine Schädlingsfresser und Parasiten. Aber
Krankheiten neigen nun mal dazu, sich unter
geschlossenen, feuchten Bedingungen schneller
zu verbreiten.

Versuchen Sie, zur Schädlingsbekämpfung
eine Blumenmischkultur einzusetzen wie z. B.
Tagetes, die Blattlausvertilger anziehen. Als
Alternative können Sie die betroffenen Pflanzen mit leicht seifigem Wasser besprühen oder
ein biologisches Schädlingsbekämpfungsmittel
gegen Mottenschildläuse oder rote Spinnmilben verwenden, indem Sie Parasiten einsetzen.
(s. S. 39).

Früchte können entweder am Rand des
Beets oder in Kübeln im Gewächshaus gezogen
werden. Der Vorteil von Kübeln ist, dass die
Pflanzen nicht beschnitten werden müssen, da
sie nicht so schnell wachsen. Auch kann man
die Pflanzen während der Sommermonate in die
Sonne stellen. Allerdings müssen sie dann noch
häufiger und mit großer Sorgfalt gegossen werden. Der Anbau in Kübeln im Gewächshaus eignet sich am besten bei Trauben, Pfirsichen und
Zitrusfrüchten. Bitte beachten Sie, dass Früchte,
die im Gewächshaus gezogen werden, von
Hand bestäubt werden müssen.

Die große Pflanze am Eingang dieses Gewächshauses ist die Giftbeere (*Nicandra physaloides*),
die Mottenschildläuse davon abhält, wertvolle
Nutzpflanzen zu attackieren.

Der Anbau in Kübeln

Ein Vorteil beim Anbau in Kübeln ist der, dass Sie die freie Wahl bei der Komposterde haben, je nach Pflanzensorte, die Sie anbauen möchten. Herkömmlicher Boden ist zu mager für die meisten Pflanzen, die sich mit einem Topf begnügen müssen, daher sollte eine gute Komposterde auf Lehmbasis gewählt werden. Komposterde auf Torfbasis ist zu leicht für Kübelpflanzen (s. S. 18–19). Eine Ausnahme sind Heidekrautgewächse (*Ericaceous*).

Lehmkompost kann mit anderen Bestandteilen wie z. B. Laubkompost und verrotteten Grassoden gemischt werden, wenn wirklich große Kübel gefüllt werden müssen. Sparen Sie nicht damit, wenn Sie kleinere Töpfe füllen. Pflanzen brauchen guten Nährboden, wenn etwas aus ihnen werden soll. Bei den meisten Topfpflanzen verwende ich gesiebten Gartenkompost, bei größeren und widerstandsfähigen Pflanzen verwende ich ihn immer.

Pflanzen in Kübeln dürfen auf keinen Fall gemulcht werden, da der Boden sonst nicht mehr atmen kann. Verwenden Sie lieber groben Sand oder Schotter. Dann wächst das Unkraut nicht so stark und es spritzt nicht beim Gießen.

Kübelpflanzen muss man gut verdünnte Flüssignährstoffe hinzusetzen. Mehrjährige Stauden benötigen Dünger und sollten jedes Jahr umgetopft werden. Sorgfältiges Gießen ist wichtig, sonst verkümmern die Pflanzen, andererseits muss man für einen guten Abfluss sorgen, damit sie nicht ertrinken.

Kübelpflanzen darf man nicht mulchen, da sonst der Boden erstickt.

● Gemüse und Kräuter

Eigentlich kann jede Gemüseart in Kübeln angebaut werden, vorausgesetzt, der Kübel ist groß und tief genug z. B. für Wurzelgemüse wie Karotten und Petersilienwurzel. Für Kartoffeln reicht der Platz allerdings kaum aus. Trotzdem kann natürlich jeder sein Lieblingsgemüse in Kübeln anbauen. Bei genug Sonne und Wasser kann es allemal angepflanzt werden. Kleinere Pflanzen eignen sich aber dennoch besser zum Anbau in Kübeln.

Eine gute Auswahl

- Rettiche, Frühlingszwiebeln, Schalotten, Zwiebeln, Knoblauch, Salat, Rote Bete und Grüne Bohnen eignen sich alle gut für den Anbau in Kübeln.
- Kurze Karottensorten wachsen im Allgemeinen besser als längere.
- Kletterpflanzen wie Essiggurken, Flaschenkürbisse, Gurken und Stangenbohnen können in Kübeln angebaut werden, wenn sie gut gegossen werden.
- Kräuter eignen sich ganz besonders gut zum Anbau in Töpfen, da sie meist klein sind und in geringen Mengen verwendet werden. Außerdem können die meisten in den kälteren Monaten hereingeholt und auf eine sonnige Fensterbank gestellt werden.

● Früchte

Selbst im kleinsten Garten ist Platz, um Obstbäume, Beerenobst und sogar Trauben anzupflanzen, wenn man sie in Töpfen zieht. So wird das Wurzelwerk zusammengehalten und verhindert, dass die Pflanzen zu groß werden. Für gewöhnlich kann man auch früher ernten und muss die Pflanzen weniger stutzen als Freilandobstbäume. Andererseits fallen die Früchte eher herunter und die Pflanzen sterben schneller, es sei denn man pflegt sie und gießt sie wirklich regelmäßig. Im Sommer kann das drei- bis viermal täglich nötig sein.

Dieselbe Pflege brauchen die Pflanzen im Winter, damit die Wurzeln keinen Frost abbekommen. Ein weiterer Vorteil des Anbaus in Kübeln ist, dass man den ganzen Topf abdecken kann, um ihn vor Frost oder Vögeln zu schützen oder damit die Pflanze früher wieder weiterwächst.

Der Kübel sollte so groß wie möglich sein. Plastikmülleimer eignen sich dafür genauso gut, wenn man in den Boden ein Loch bohrt wie bei herkömmlichen Blumentöpfen aus Keramik. Füllen Sie diese mit gutem Topfkompost und nehmen Sie den kleinsten Wurzelstock. Am besten wäre ein automatisches Bewässerungssystem.

Gut geeignet sind:
- Süße und saure Kirschen
- Pfirsiche
- Aprikosen und Nektarinen
- Feigen
- Trauben

Viele Kräuter eignen sich gut für Töpfe. Im Winter können sie ins Haus geholt werden, wodurch sich die Erntezeit verlängert.

Trauben können problemlos in Kübeln angepflanzt werden, müssen jedoch immer gut gegossen werden, besonders aber bei warmem Wetter.

Gemüse

Wenn Sie gutes Gemüse ernten möchten, brauchen die Pflanzen bestmögliche Bedingungen: reichhaltige Erde, viel Sonne, regelmäßige Bewässerung und ungehindertes Wachstum. Achtung: Pflanzen nie zu dicht setzen, damit ihre Wurzeln nicht um Nährstoffe und Wasser kämpfen müssen!

● **Wurzeln und Knollen**

Bocksbart und Schwarzwurzel

Wie Petersilienwurzeln bevorzugen sie reichhaltige Erde. Bauen Sie sie wie Petersilienwurzeln an, indem Sie drei Saatkörner 2,5 cm tief in die Erde stecken mit jeweils 15 cm Abstand. Später zu einem Pflänzchen ausdünnen. Jäten Sie Unkraut von Hand, da die Wurzel sehr empfindlich ist. Regelmässig gießen, vor allem bei trockenem Wetter. Mulchen, um die Feuchtigkeit zu bewahren. Um junges zartes Gemüse im Frühling zu ernten, Blätter im Herbst abschneiden und Erde bis zu 15 cm anhäufen. Sie sind im Allgemeinen pflegeleicht, wenn sie regelmässig gegossen werden.

Jerusalem-Artischocken

Diese Pflanze, die zwischen 1,80 m und 2,50 m hoch werden kann, gedeiht leicht und eignet sich gut als schnell wachsender Windschutz. Aber man wird sie schwer wieder los, daher sollte sie in verwilderte Gartenecken verbannt werden. Pflanzen Sie sie nicht dort, wo sie anderen Nutzpflanzen das Licht nehmen kann.

Sie wachsen selbst in magerem Boden, doch für bessere Ergebnisse pflanzt man die Knolle am besten in eine 15 cm tiefe Furche. Setzen Sie sie mit jeweils 60 cm Abstand. Bei trockenem Wetter gießen. Jerusalem-Artischocken sind nahezu immun gegen Schädlinge und Krankheiten.
• „Fuseau" ist eine glatthäutige Sorte, die leicht zuzubereiten ist.

Kartoffeln

Obwohl einfach im Anbau, brauchen Kartoffeln einiges an Pflege, wenn sie eine gute Ernte abgeben sollen. Die Erde muss mit organischem Kompost angereichert werden, und das kann eine Menge Arbeit machen.

Da Kartoffelknollen sehr krankheitsanfällig sind, ist es besser, jedes Jahr neue, gesunde Saatkartoffeln kaufen. Man kann jedoch für einige Jahre selbst aufbewahrte Knollen verwenden und erst neue kaufen, wenn der Vorrat zu Ende geht. Bewahren Sie nur Knollen von gesunden Pflanzen auf. Ungesund aussehende Pflanzen, die nur eine spärliche Ernte abgeworfen haben, nicht aufbewahren. Eigroße Knollen sind am besten.

Legen Sie die Knollen so früh wie möglich an einem leicht warmen und gut beleuchteten Ort aus, bis sie kurze, grüne Triebe bilden. Frühe Kartoffelsorten sollten 10–15 cm tief in den Boden gesteckt werden mit einem Abstand von je 30–45 cm. Spätere Sorten sollten genauso tief, jedoch mit 60 cm Abstand in die Erde gesteckt werden. Wenn Sie viele neue Kartoffeln ernten möchten, lassen Sie alle Triebe dran. Wenn Sie weniger und dafür größere Knollen wünschen, entfernen Sie alle Triebe bis auf einen. Um eine wesentlich ertragreichere Ernte zu bekommen, müssen Sie kräftig gießen, wenn die Blüten kommen. Danach die giftigen Beeren entfernen.

Normalerweise pflanzt man Kartoffeln in Furchen. Ich mache lieber tellergroße Löcher mit der Kelle. Geben Sie Beinwellblätter und gesiebten Gartenkompost dazu. Wenn Sie die Saatkartoffeln pflanzen, decken Sie diese mit Gras ab, damit sich kein Schorf bildet. Dann wieder mit Erde bedecken und festtreten. Sobald die Kartoffeln hervortreten, häufen Sie Erde darum herum auf. Strohmulch, Blätter oder Gras halten den Boden feucht und schützen junge Kartoffeln vor der Sonne, damit sie nicht grün werden. Spätere Sorten mit Zeitungspapier abdecken, bevor Sie mulchen, damit sie kein Licht bekommen für den Fall, dass Vögel das Gras oder Stroh wegscharren.

Kohlrabi eignet sich gut zur raschen und pflegeleichten Zwischenfruchtfolge.

Biogärtner sollten Frühkartoffeln anbauen. Sie erzielen zwar einen geringeren Ertrag, dafür kommen die Kartoffeln aber früher und können früher geerntet werden, bevor Braunfäule im Hochsommer, hauptsächlich bei warmem, nassem Wetter, zum Problem werden kann. Ertragreichere spätere Sorten sollten bis zum Herbst wachsen, damit sie eine gute Ernte ergeben.

Kartoffeln können unter anderem von Drahtwürmern (Larven des Schnellkäfers), Stängelälchen und Schwarzbeinigkeit befallen werden. Es gibt Hunderte von Kartoffelsorten, doch nur einige wenige sind überall erhältlich.

- „Friesländer" und „Agata" sind gute Frühkartoffeln, beide festkochend.
- „Eigenheimer" und „Lady Rosetta" sind mittelfrühe Sorten, beide mehlig.
- „Aurora" ist eine mittelfrühe Kartoffel, jedoch mit niedrigem Ertrag.
- „Red Scarlett" und „Vivaldi" kommen früh bis mittelfrüh.
- „Caesar" und „Victoria" sind mittelspäte Sorten.

Kohlrabi

Kohlrabi gedeihen leicht und stecken voller Nährstoffe. Die Kohlrabi gleicht eher einer Speiserübe und kann gekocht, aber noch besser roh gegessen werden. Sie wächst zwar in magerem Boden, ist aber dankbar für reichhaltige, nicht zu nasse Erde. Das Umsetzen vom Saatbeet oder Topf macht ihr nichts aus. Saatkörner 2,5 cm tief in den Boden stecken mit 25 cm Abstand, vorzugsweise ab Mitte des Frühjahrs bis zum Spätsommer. Bei trockenem Wetter gut gießen. Wenn Sie mulchen, bleibt der Boden feuchter. Die Kohlrabi ist problemlos, kann aber hart und holzig werden, wenn sie im Wachstum behindert wird. Sorgen Sie immer für ausreichend Wasser und Nährstoffe.

- Eine weit verbreitete Sorte ist die „Purple Vienna". „Superschmelz" ist jedoch besser, da sie auch, wenn sie sehr groß wird, knackig und zart bleibt.

Unter trockenen Bedingungen werden Steckrüben hart und holzig. Daher muss man mulchen, um den Boden feucht zu halten.

Kohl- und Steckrüben

Beide Arten benötigen gut abgetrockneten Boden, der reichlich mit Humus versetzt wurde, um Feuchtigkeit zu halten. Steckrüben können in Töpfchen gezogen werden, solange sie noch als kleine Pflänzchen verpflanzt werden. Am besten gedeihen sie, wenn sie zwischen Frühling und Spätsommer direkt ins Freiland gesät werden. 2,5 cm tief, bei jeweils 15 cm Abstand, in die Erde stecken. Immer gut gießen und mulchen, damit die Feuchtigkeit im Boden bleibt. Bei zu trockenen Bedingungen werden sie hart und holzig.

• Weitere Steckrübenarten sind „Mairüben" und „Teltower Rübchen".
• Kohlrüben werden auch als „Erdrüben", „Bodenkohlrabi" oder „Rutabaga" bezeichnet.

Möhren

Wenn Möhren gut gedeihen sollen, brauchen Sie einen leichten Boden ohne Steine. Lockern Sie schweren Lehmboden mit organischem Kompost und grobem Sand auf. Wenn Sie Kompost untergraben, achten Sie bitte darauf, dass er gut verrottet und bröckelig ist, damit sich die Möhren nicht „gabeln".

Säen Sie in dreiwöchigen Abständen zwischen Frühjahr und Hochsommer. Stecken Sie die Saatkörner 4 cm tief in die Erde und halten Sie 15 cm Abstand, wenn Sie große, lagerbare Möhren möchten. Das Saatgut für Babykarotten sollten Sie streuen. Rechen Sie den Boden und gießen Sie danach kräftig. Lassen Sie das Wasser gut versickern. Mischen Sie das Saatgut mit Sand und säen Sie es dann von Seite zu Seite. Decken Sie das Saatgut mit 1 cm dickem, sterilem Topf-Kompost-Gemisch mit grobem Sand ab. Möhrensamen können gemeinsam mit Frühlingszwiebel- und Lauchsamen gesät werden.

Hauptproblem sind die Möhrenfliegen. Daher sollten die Möhren unter Gardinenmaterial, Vlies oder feinem Netzmaterial gezogen werden. Pflocken Sie das Abdeckmaterial sofort nach der Aussaat fest.

Es gibt viele empfehlenswerte Sorten.
• Die „Amsterdam Forcing" ist gut und schnell wachsend.
• „Nantes 2" kann ab Spätwinter durchgehend bis Spätsommer gesät werden (bitte abdecken). Im Winter ergibt sie kleine Möhren.
• „Mokum" ist eine gute Sommermöhre.
• „Autumn King" ist eine zuverlässige Möhrenart, etwas grob, aber gut lagerbar im Winter.
• Die rundliche „Parmex" eignet sich gut bei flacher Erde. Sie kann auch in Kübeln angebaut werden.

Es lohnt sich, verschiedene Möhrensorten auszuprobieren. Diese hier heißt „Amsterdam Forcing".

Petersilienwurzel und Pastinake

Diese Wurzeln sind lange in der Erde und sind für kleine Gärten ungeeignet. Der Boden sollte gut abgetrocknet und schon längere Zeit nicht mit Stallmist versetzt worden sein. Vermeiden Sie steinige Böden. Petersilienwurzel sollte in Gruppen gesät werden: Stecken Sie 3 Saatkörner 2,5 cm tief in die Erde mit jeweils 10 cm Abstand bei kleinwüchsigen Sorten. Bei größeren Sorten bitte 25 cm Abstand einhalten.

Saatzeit ist zwischen Spätwinter und frühem Frühjahr, jedoch nicht bei nasskalter Witterung. Manchmal ist es besser, erst im April oder Mai zu säen, wenn sich der Boden erwärmt hat. Die Petersilienwurzel keimt nur langsam und muss jedes Jahr neu gesät werden. Wenn die Pflänzchen aus der Erde kommen, werden sie zu einer Pflanze ausgedünnt. Danach muss man abwarten, bis die Blätter absterben. Erst dann werden die Petersilienwurzeln geerntet.

Bei Pastinaken entsteht eine Wurzel, die der Petersilienwurzel ähnlich ist. Sie schmeckt wie Petersilie und wird wie die Petersilienwurzel angebaut und verwendet. Die Blätter können wie Petersilie verwendet werden.

Manche Sorten sind anfällig für Wurzelkrebs, deshalb nicht zu nahe an der Wurzel hacken. Maden können lästig werden. Bei trockenem Wetter Petersilienwurzel und Pastinaken immer gut gießen, damit die Wurzeln nicht rissig werden.
• „Avonresister" ist gut, aber klein.
• „Halblange Weiße" sind die besten großen Petersilienwurzeln.

Rettich

Rettichsamen können praktisch überall gesät werden. Am besten säen Sie vom Frühling bis zum Herbst immer nur einige jede Woche. Bei trockenem Wetter gießen. Sie nehmen mit fast jedem Boden Vorlieb und wachsen schnell. Man sollte sie jedoch essen, solange sie jung und zart sind. Der Schwarze Winterrettich wird nach dem Hochsommer angebaut und im Herbst auf Wochenmärkten verkauft. Der Daikon ist ein mild schmeckender Riesenrettich aus Ostasien.

Rote Rüben (Rote Bete)

Rote Rüben stecken voller Nährstoffe und sind leicht zu ziehen. Sie brauchen viel reichhaltigen Boden, man muss also gut verrotteten Kompost oder Stallmist untergraben. Stecken Sie die Saat im Frühjahr in Töpfe und halten Sie diese zugedeckt. Im April/Mai können die Pflanzen ins Freiland gesetzt werden. Zu dieser Zeit oder etwas später kann man auch direkt ins Freiland säen.

Die Saatkörner 2,5 cm tief in den Boden stecken mit jeweils 20 cm Abstand. Wenn Sie die Saatkörner einzeln im Topf ziehen und dann unausgedünnt ins Feld setzen, erhalten Sie kleine Rübchen zum Einmachen. Werden sie direkt ins Freiland gesät und ausgedünnt, werden die Rüben größer und können über den Winter eingelagert werden. Wenn Sie Unkraut jäten, achten Sie bitte darauf, dass Sie die Rüben nicht beschädigen, weil sie leicht bluten. Ansonsten sind rote Rüben pflegeleicht.

Da die Blätter gerne von Vögeln gefressen werden, sollten sie mit Netz- oder schwarzem Baumwollmaterial geschützt werden.
• Die Gelbe Bete „Burpee's Golden" ist zu empfehlen.
• Die eher runde „Boltardy" eignet sich für frühe Aussaaten.
• Die fassförmigen Rübensorten eignen sich gut für die Lagerung.
• Versuchen Sie „Crosby's Egyptians" als Einmachrüben.

Die konventionelle Rote Bete und darunter die gelbe Sorte „Burpee's Golden"

● Die Zwiebel und ihre Verwandten

Knoblauch und Schalotten

Wenn Sie ein sonniges Fleckchen haben, das reichlich mit gut verrottetem Stallmist oder Kompost versetzt wurde, sind Knoblauch und Schalotten leicht anzubauen. Zwischen den Blumenrabatten tragen sie dazu bei, Schädlinge und Krankheiten von anderen Pflanzen fernzuhalten.

Knoblauch kann ab Herbstmitte bis spät in den Winter hinein gesteckt werden, je früher, desto besser. Stecken Sie einzelne Zehen der Länge nach 2,5 cm tief in die Erde bei jeweils 15 cm Abstand, Schalotten 1 cm unter die Erde stecken mit jeweils 23 cm Abstand. Pflanzzeit ist ab Wintermitte bis frühes Frühjahr. Immer gut jäten, wenn nötig mit der Hand.

Vögel oder Würmer ziehen beide Pflänzchen gerne aus dem Boden. Stecken Sie sie einfach wieder hinein. Ansonsten sind sie pflegeleicht. Knoblauch verträgt sich gut mit Erdbeeren, Gurken, Rosen und Tulpen.

Knoblauch sollte im Sommer geerntet werden, wenn die Blätter gelb werden. Die Knollen zum Trocknen und Reifen in der Sonne liegen lassen.

Porree

Porree ist robust und braucht wenig Platz. Reichhaltiger, feuchter Boden tut ihm gut, Hitze und Trockenheit mag er nicht. Graben Sie vor dem Pflanzen reichlich gut verrotteten Stallmist oder Kompost unter. Im Frühjahr die Saat 2,5 cm tief in die Erde stecken und zugedeckt halten. Um Johannis kann er ins Freiland verpflanzt werden. Am besten mit dem Pflanzholz Löcher schlagen und in 15 cm Abstand setzen. Ständig hacken, damit sich kein Unkraut bildet und mulchen, damit der Boden feucht bleibt.

Porree ist relativ pflegeleicht. Gute Nachbarn sind Endivie, Erdbeere, Kohl, Kohlrabi, Möhren, Schwarzwurzeln, Sellerie und Tomaten.

Zwiebeln

Zwiebeln mögen reichhaltigen Boden. Sorgen Sie daher im Winter dafür, dass Sie gut verrotteten Stallmist oder Kompost untergraben. Zwiebeln lieben Sonne. Junge Zwiebeln immer von Unkraut frei halten und bei Trockenheit regelmässig gießen.

Mit Steckzwiebeln erzielt man eine bessere Ernte, sie sind jedoch auch teurer als Zwiebelsamen. Zwiebeln sollten im Spätwinter gepflanzt werden, spätestens aber im Frühling. Dafür flache Löcher im Abstand von 20 cm in fein gerechte Ackerkrumen graben. Wenn Vögel oder Würmer die Pflänzchen herausziehen, stecken Sie sie einfach wieder hinein. Steckzwiebeln eignen sich gut für Mischkultur. Sie halten Schädlinge und Krankheiten von anderen Pflanzen fern, vor allem wenn sie zwischen Kohl und Blumenbeete gesetzt werden. Zwiebelsamen können direkt ins Freiland gesät werden, besser ist es aber, sie erst einmal abgedeckt in Töpfchen heranzuziehen. Wenn Sie mehr als ein Pflänzchen pro Topf erhalten, macht das gar nichts. Im Gegenteil, zwei oder drei Pflanzen, die zusammenwachsen, lassen kleinere, bessere Zwiebeln entstehen, die gut zu lagern sind.

Bevor Sie Steckzwiebeln im Frühling ins Freiland setzen, sollten sie einige Tage im Frühbeet abhärten. Kleinere, gut lagerbare Zwiebeln mit 10 cm Abstand setzen, größere Zwiebeln, die gleich verwendet werden, mit 18 cm Abstand pflanzen.

Japanische Zwiebeln zum Überwintern werden im Spätsommer gesät. Samen 1 cm tief in die fein gerechte Ackerkrume stecken, 10 cm Abstand einhalten. Bis zum Hochsommer (wenn Zwiebeln teuer sind) sind sie erntereif. Diese Sorte eignet sich nicht zum Lagern, da sie schnell verdirbt.

Frühlingszwiebeln sollten mit 1 cm Abstand 1 cm tief in den Boden gesteckt werden. Wenn Sie im Frühling ernten möchten, müssen Sie im Herbst säen. Sie ernten entsprechend später, wenn Sie im Winter oder Frühjahr säen. Die Frühjahrssaat kann mit Möhren als Mischkultur gesät werden.

Falls Sie in Ihrer Gegend ein Madenproblem haben, besser Steckzwiebeln pflanzen, da sie selten befallen werden, oder aber mit Netz oder Vlies abdecken. Falls die Blätter unter Graufäule leiden, mit Holzasche bestäuben, das hält den Befall in Schach. Falls sie von Stängelälchen oder weißem Schwamm befallen werden, Pflanzen ausgraben und verbrennen. Unkraut immer von Hand jäten, sodass Blätter und Zwiebeln nicht verletzt werden.

Es gibt viele verschiedene Zwiebelsorten:
- „Sturon" und „Turbo" sind exzellente Steckzwiebeln.
- „Zittauer Gelbe" ist eine der bekanntesten Sorten, gut lagerfähig.
- „Stuttgarter Riesen" ist eine weit verbreitete Sorte mit mildem Aroma.
- „Senshyn Yellow" und „Imai" sind die besten japanischen Zwiebeln zum Überwintern.

● **Kohl**

Kohlpflanzen können in kleinen Töpfen gezogen werden, aber am besten fahren Sie, wenn Sie direkt ins Saatbeet säen. Wenn die Setzlinge eine Höhe von 8 cm erreicht haben, heben Sie diese heraus, um die Pfahlwurzel abzubrechen. Danach setzen Sie diese wieder mit 8 cm Abstand in ein Saatbeet. Wenn die Pflanzen etwa 15 cm hoch sind, können sie verpflanzt werden.

Kohl braucht tiefe Löcher. Fügen Sie verdünnte Algenlösung und gesiebten Kompost hinzu. Stecken Sie die Setzlinge bis zum ersten Blattansatz in die Erde und drücken Sie die Erde gut an.

Kohl wird gerne von Vögeln angepickt, daher schwarze Baumwolle verwenden. Um Madenbefall zu vermeiden, legen Sie 15 x 15 cm große Teppichstücke oder Dachpappe mit einem Schlitz in der Mitte um den Setzling, damit Fliegen dort keine Eier in die Erde legen können. Auch Setzlinge in Töpfen können von Schädlingen befallen werden. Raupen mit der Hand herunternehmen oder mit *Bacillus thuringiensis* besprühen, Mottenschildläuse und Blattläuse können Sie mit Schmierseife in Schach halten. Um Flohkäfer abzuhalten, gut feucht halten (s. S. 44–49).

Am schlimmsten ist die Kohlhernie. Wenn Sie einmal da ist, wird man sie nicht mehr los. Vorbeugen ist daher besser als „heilen". Nie Kohlpflanzen kaufen. Wenn es doch nötig sein sollte, dann nur solche Pflänzchen kaufen, die in sterilem Kompost gezogen wurden.

Goldlack und Levkoje bekommen diese Krankheit gerne. Stallmist immer gut verrotten lassen, da die Kohlhernie auch durch frischen Stallmist übertragen werden kann. Es hilft, wenn Sie vorher ordentlich mit Kalk düngen.

Oder aber Sie ziehen Pflanzen im Topf und bevor Sie sie umsetzen, geben Sie sterilen Kompost in die Löcher, damit der infizierte Boden die Wurzeln nicht berührt. Bei Kohl muss die Fruchtfolge strikt eingehalten werden, damit die Krankheit nicht schlimmer wird. Einige neue Sorten sind teilweise resistent.

Blumenkohl

Wenn Sie verschiedene Sorten nach und nach säen, haben Sie fast das ganze Jahr über frischen Blumenkohl. Doch er ist schwieriger im Anbau als Weißkohl. Er braucht sehr reichhaltigen, feuchten Boden und darf im Wachstum nicht behindert werden, sonst bleibt er klein. Der Boden sollte mit Kalk gedüngt worden sein. Erwarten Sie keine gute Ernte, wenn der Boden zu leicht ist. Wenn sich die Blumenkohlröschen bilden, Blätter darüber legen, damit sie nicht von der Sonne gelb werden. Wenn Sie im Sommer oder Herbst ernten möchten, im Frühling ins Saatbeet säen und im Sommer mit jeweils 60 cm Abstand ins Freiland setzen. Für kleinere Gärten und leichten Boden eignet sich der „Mini-Blumenkohl". Er kann eng gesetzt werden (15 cm) und ergibt kleine Blumenkohlköpfe, die jeweils für eine Mahlzeit reichen.

Brokkoli

Der Brokkoli ist keine winterfeste Pflanze und sollte erst gesät werden, wenn die kalten Frühlingstage vorüber sind. Bei vorsichtiger Behandlung kann er in Töpfen gezogen werden. Er braucht sehr reichhaltigen, gut feuchten Boden. Ins Freiland setzen, bevor die Wurzeln zu stark werden. Gut mit Kompost mulchen und bei trockenem Wetter gut gießen.

- „Trixie" ist eine neue Sorte. Sie ist resistent gegen Kohlhernie.
- „Romanesco" ist aromatisch, aber schwieriger im Anbau.

Mini-Blumenkohl gedeiht gut in sandigem Boden.

Die Brokkolisorte „Calabreser"

Chinakohl

Obwohl er neben anderen Kohlsorten angebaut wird, sollte zuvor gut verrotteter Stallmist oder Kompost untergegraben werden. Er kann direkt ins Freiland gesät werden, jedoch nicht vor dem Hochsommer, sonst schosst er gerne. Am besten 1 cm tief und etwa 30 cm voneinander entfernt setzen. Er liebt reichhaltigen, feuchten Boden. Nach und nach ab Hochsommer bis Herbst säen. In den Herbstmonaten mit Frostschutzhaube abdecken. Erde immer feucht halten.

Grünkohl

Grünkohl eignet sich am besten als winterharte Kohlsorte. Im Frühjahr liefert er Grünes, wenn sonst noch nichts da ist. Er ist reich an Nährstoffen und ziemlich resistent gegen Kohlhernie und Madenbefall. Auch Vögel lassen den Grünkohl in Ruhe. Säen Sie im April bis Mai und setzen Sie ihn Ende Juni ins Freiland mit jeweils 45 cm Abstand.

Grünkohl ist ein zuverlässiges Wintergemüse.

Rosenkohl

Wenn Sie verschiedene Sorten anbauen, können Sie Rosenkohl vom Herbst bis zum Frühling ernten. Säen Sie nach und nach ab dem Frühjahr. Im Hochsommer umpflanzen, 60 cm Abstand halten. Rosenkohl bevorzugt festen Lehmboden.

- „Hossa", „Predora" und „Wilhelmsburger" sind frühe Sorten.
- Spätere Sorten sind „Boxer", „Zitadell", „Fortress" und „Ideal".

Sprossbrokkoli

Die Brokkolisorten „Purple Sprouting" und „White Sprouting" sind winterhart und stehen im Frühjahr zur Verfügung, wenn der Garten sonst noch nicht viel hergibt.

Weißkohl

Wenn Sie im Frühsommer ernten möchten, sollten Sie ihn im Winter in Töpfen unter Glas ziehen. Im Frühbeet abhärten und im Frühjahr mit 45 cm Abstand ins Freiland setzen. Wenn Sie in der warmen Frühlingszeit gleich ins Saatbeet

säen und im Sommer ins Freiland setzen, ernten Sie im Frühherbst. Frischer Weißkohl am Winteranfang sollte im Frühsommer ins Saatbeet gesät werden und im Hochsommer in 60-cm-Abständen ins Freiland gesetzt werden. Am häufigsten sind rundköpfige Sorten, in Süddeutschland findet man jedoch eher das aromatische Spitz- oder Filderkraut.

- Für Frühweißkohl pflanzen Sie „Delphi", „Dithmarscher Frühstamm 49", „Langendijker Früher", „Marner Allfrüh" und „Quickstep".
- Für mittelfrühen Weißkohl versuchen Sie „Gloria", „Grenit", „Marner Frühseptember", „Minicole" und „Predena".
- Für Herbst- und Dauerweißkohl säen Sie „Dauerweiß", „Bison", „Hidena", „Marner Lagerweiß" und „Polinius".

Der „Purple Sprouting"-Brokkoli ist eine der nährstoffreichsten winterfesten Gemüsesorten.

● **Blattsalate**

Kopfsalat, Endiviensalat und Chicorée

Kopfsalat ist eine der am leichtesten anzubau-
enden Salatsorten und doch gedeiht er bei Vielen nicht. Bauen Sie nie zu viel auf einmal an. Er
kann gleich vor Ort gesät werden, 1 cm tief, mit
jeweils 15–25 cm Reihenabstand. Oder aber Sie
ziehen ihn im Saatbeet und planzen ihn später
ins Freiland. Kaufen Sie am besten ein Multi-
Pack und säen Sie ein paar Saatkörner von jeder
Sorte alle paar Wochen. Später zu einer Pflanze
ausdünnen. Wenn Kopfsalat zu langsam wächst,
wird er leicht bitter. Gut gießen ist wichtig.

Kopfsalat wird nicht mit der Wurzel herausgerissen, sondern nur abgeschnitten. Winter-
salate müssen unter Glas gezogen werden, nicht
so sehr wegen des Wetters, sondern damit sie
nicht von allem, was da kreucht und fleucht, gefressen werden. Der beliebte dunkelrote Radicchio wird entweder wie Kopfsalat gleich direkt
gesät oder vorgezogen und später im Abstand
von jeweils 25 cm ins Freiland gesetzt. Die Aussaat ist zwischen Frühjahr und Hochsommer.
Endiviensalat wird wie Kopfsalat angebaut. Man
sollte jedoch dafür sorgen, dass die Blätter hell
bleiben, sonst kann er bitter schmecken.

Chicorée bildet eine Rübe und hat eine am
Boden anliegende Blattrosette. Man kann sie
bis zum Herbst im Garten lassen. Dann mit der
Wurzel ziehen, in Sand packen und zudecken.
Aus der Wurzel treiben im Winter zugespitzte
Knospen, die, weil abgedeckt, bleich bleiben.
Chicorée ist ein ausgezeichneter Wintersalat.

Sorgen Sie dafür, dass sich Vögel und
Nacktschnecken nicht über Ihre Salatpflanzen
hermachen. Am besten arbeiten Sie mit
schwarzem Baumwollmaterial.

Es gibt viele verschiedene Gartensalate.
Probieren Sie aus, was Ihnen am besten
schmeckt.
• Eichblatt rot
• Eichblatt grün
• Lollo rosso
• Lollo bianco
• Radicchio

Mangold

Mangold ist eine Kulturform der Rübe, wird aber
seiner schmackhaften Blätter wegen angebaut.
Mangold ist eine der dankbarsten Gemüsesorten, vor allem bei kleinen Gärten. Er wächst
und wächst, bis die frostigen Wintertage Einzug
halten. Säen Sie ihn mit 30 cm Abstand im April
und ein weiteres Mal im Hochsommer, damit
Sie im Winter ernten können. Bei trockenem
Wetter immer gut gießen.

Nacktschnecken sind seine einzigen Feinde.
Roter Mangold kann auch von schwarzen Blattläusen befallen werden. Im Blumengarten sieht
er äußerst attraktiv aus.

Mangold ist eine beliebte Gemüsepflanze
für einen kleinen Garten.

Junge Spinatpflanzen im Gewächshaus

Spinat

Gartenspinat säen Sie am besten immer in Abständen zwischen März und September. Das Saatgut nur sparsam 2,5 cm tief säen, in Reihen 18 cm voneinander entfernt. Spinat kann auch in Töpfen vorgezogen werden, sofern er dann als kleine Pflanze ins Freiland gesetzt wird. Es lohnt sich, den Boden vorab mit einer Hand voll Algenmehl oder einem Eimer gesiebtem Kompost zu düngen, da Spinat gerne reichhaltigen Boden hat, sonst schosst er gerne. Gut gießen, damit er schnell wächst. Spinat gedeiht prächtig unter Kunststofffolie, da die Abdeckung dafür sorgt, dass die Spinatblätter schnell wachsen und nicht auf der Erde liegen.

- Für den Winter und das Frühjahr eignen sich „Emilia", „Matador" und „Monnopa".
- Ganzjährig werden „Butterfly" und „Gamma" angebaut.
- Die aromatischen Blätter des „Bordeaux"-Spinats finden Verwendung als Salat oder gedünstet als Baby-Spinat.
- „Dolphin" ist ideal für den Frühjahrsanbau, späte Herbstaussaaten und für die Überwinterung.
- Die schnell wachsende Züchtung „Lazio" bringt besonders hohen Ertrag mit dunkelgrünen, appetitlich glänzenden Blättern. Die Blätter stehen aufrecht, sodass man leicht und sauber ernten kann.
- Der „Sardinia"-Spinat ist zum Kochen und Dünsten fast zu schade. Am besten schmecken die appetitlichen Blätter roh als Salat.

● Hülsenfrüchte und Samen

Ackerbohnen

Diese nährstoffreichen Bohnen, auch Weiße Bohnen genannt, sind leicht anzubauen. Unter milden Wetterbedingungen können im Herbst gesäte Bohnen schon früh geerntet werden. Sie bevorzugen reichhaltigen, gut abgetrockneten Boden. Vermeiden Sie nasskalte Bedingungen beim Überwintern, sonst könnten die Samen verderben. Zwischen Winter und Frühjahr aussäen, dabei 5–8 cm tief in die Erde stecken und einen Abstand von 15 cm einhalten. Sobald die Pflanzen etwas gewachsen sind, benötigen sie eine Rankhilfe.

Ackerbohnen können von Schwarzen Blattläusen (s. S. 48) oder Rüsselkäfern (S. S. 47) befallen werden. Knipsen Sie die wachsenden Blütenenden ab, damit sich Blattläuse nicht festsetzen. Oder aber Sie verwenden später Schmierseife. Weiße Bohnen eignen sich gut zur Mischkultur mit Kartoffeln. Einfaches Bohnenkraut hält schwarze Blattläuse ab.

Erbsen, Zuckererbsen und Augenbohnen

Erbsen sind sehr arbeitsintensiv, aber sie schmecken so herrlich, wenn sie frisch sind, dass sich die Mühe lohnt. Als Hülsenfrüchtler bereichern sie den Boden für andere Pflanzen. Erbsen sind eine der wenigen Gemüsesorten, die man am besten in Reihen anbaut.

Kürzere Sorten sind zu empfehlen. Der Ertrag ist zwar geringer, dafür benötigen sie nicht so viele Rankhilfen und sie nehmen anderen Gemüsearten nicht die Sonne weg. Bei trockenen Witterungsbedingungen keimen Erbsen besser, wenn man sie eine Stunde vor der Aussaat einweicht. Ein Spritzer Algenlösung nimmt ihnen den für Mäuse so attraktiven Geruch. Da Erbsen Rankhilfen benötigen, empfiehlt es sich, links und rechts von den Pflanzen Kartoffeln, Kohl, Möhren oder Mais zu pflanzen. Erbsen können in zeitlichen Abständen zwischen Februar und Hochsommer gesät werden. Wenn Erbsen überwintern sollen, können sie selbst noch im Spätherbst eingesetzt werden, doch diese Erbsen gedeihen nicht sonderlich gut. Mir ist aufgefallen, dass man eine wesentlich bessere Ernte bekommt, wenn man einmal gut gießt kurz bevor die Blüten abfallen.

Zuckererbsen haben essbare Schoten, aber nur, solange sie jung und zart sind. Sie werden für gewöhnlich sehr hoch und werden schnell hart. Zuckerschoten sind ähnlich, haben aber dickere, süßere, essbare Schoten. Sie werden üblicherweise auch ziemlich groß.

Augenbohnen gleichen eher Wicken als Erbsen. Die Schoten sind essbar, solange sie jung und zart sind. Sie wachsen selbst in magerem Boden und haben hübsche Blüten. Es gibt Vogelschutznetze, um junge Bohnenpflanzen vor Vögeln zu schützen. Legen Sie Mausefallen.

**Die Stangenbohnensorte „Blue Lake"
eignet sich gut für kleine Gemüsebeete.**

Machen Sie sich keine Sorgen bei Mehltau, er beeinträchtigt die Ernte nicht.

- „Karina" wird 70–80 cm hoch und benötigt eine Kletterhilfe in Form von Reisigzweigen oder Maschendraht. Sie erzeugt mittelgroße, gut gefüllte Hülsen mit wohlschmeckenden Erbsen. Sehr gut geeignet für Frühaussaaten.
- Die „Markana"-Sorte ist tolerant gegen echten Mehltau mit 60 cm Höhe. Sie braucht weder Rank- noch Stützhilfen.
- Die „Profita"-Sommermarkerbse ist lecker und süss.
- Die „Delikata" ist ein ideales Naschgemüse.
- „Oregon Sugar Pod" ist eine Zuckererbse mit bis zu 85 mm langen Hülsen.
- Die vollfleischigen „Zuccola"-Hülsen werden als Ganzes verzehrt. Sie erzielen einen guten Ertrag bei jedem Wetter.

Feuerbohnen

Sie sind pflegeleicht und die Sorten mit bunten Blüten und dunkelroten Bohnen sehen im Blumengarten attraktiv aus. Sie sind sehr produktiv, sind aber gröber und nicht so fein im Geschmack wie grüne Bohnen.

Falls Sie mageren Boden haben, lohnt es sich, gut verrotteten Kompost unterzugraben. Doch im Allgemeinen sind diese Bohnen nicht anspruchsvoll und ergeben auch ohne viel Vorarbeit eine gute Ernte. Sie können im Topf unter Glas vorgezogen werden. Eine Bohne pro Topf genügt. Im Mai, nach einigen Abhärtungstagen, setzen Sie sie ins Freiland. Oder Sie säen Ende Mai ins Freiland. Eine Bohne 5 cm tief in die Erde stecken und jeweils 23 cm Abstand halten. Feuerbohnen danken es Ihnen, wenn Sie diese gut mulchen, wässern und jäten.

Feuerbohnen brauchen Rankhilfen, seien es Stangen, Draht oder Schnüre. Maschendraht ist am besten. Kürzere Sorten können über Mais angebaut werden, falls dieser in Töpfen vorgezogen wurde. Knipsen Sie die langen Ausläufer ab, wenn sie das Ende der Rankhilfe erreicht haben. So erhalten Sie buschigere Pflanzen. Solange die Pflanzen jung und klein sind, können Blattläuse und Nacktschnecken zum Problem werden.

Gartenbohnen

Nach der Aussaat im April/Mai unter Folienhauben halten, bis die Eisheiligen vorüber sind, da Gartenbohnen frostanfällig sind. Nacktschnecken und Vögel wissen sie ebenfalls zu schätzen, daher mit abgeschnittenen Plastikflaschen abdecken. Nach der Aussaat mit Grasschnitt mulchen, das hält den Boden feucht. Bei trockenem Wetter gut gießen.

Okra

Okra gedeiht nur bei ständiger Wärme oder zumindest in einer geschützten Ecke in Gegenden mit langen, heißen Sommern. Okra wird wie Auberginen angebaut (s. S. 110), doch im Abstand von 60 cm. Mit Stöcken abstützen und Enden abknipsen, sobald die Pflanzen über 30 cm hoch sind. So werden sie buschiger. Rote Spinnmilben, Blattläuse und Mottenschildläuse können zur Plage werden (s. S. 44–49).

Zuckermais

Zuckermais ist nur süß, wenn er innerhalb von 30 Minuten nach dem Pflücken gekocht wird. Der pure Luxus, aber sonst ist er nunmal nicht mehr süß. Kleine Röhren aus Pappe eignen sich hervorragend als Schutz nach der Aussaat im April. Im Mai kann ein zweites Mal gesät werden. Die Maiskörner 2,5 cm tief in die Erde stecken und 60 cm Abstand halten. Wenn Sie Setzlinge haben, tiefe Löcher graben und großen Abstand halten. Mit verdünnter Algenlösung gießen und gesiebten Kompost und Algenmehl hinzugeben. Die unter den Pappröhren gezogenen Setzlinge in Löcher setzen und gesiebten Kompost hinzugeben. Gut andrücken und zum Schutz eine abgeschnittene Plastikflasche darüberstülpen.

Wenn die Pflanze 30 cm hoch ist, Plastikflasche herunternehmen und mehr gesiebten Kompost hinzugeben. Erde um die Pflanze anhäufen, dann werden die Wurzeln stärker. Gut andrücken und mit Grasschnitt mulchen, damit der Boden feucht bleibt.

Zuckermais am besten in Blöcken anbauen, so erhält er eine bessere Bestäubung. Meine Erfahrung hat gezeigt, dass er sich gut als

Eine Okraschotenpflanze mit Blüte und Frucht.

Mischkultur mit Kartoffeln, Kürbis oder Kapuzinerkresse eignet, da der Boden schön feucht bleibt und die jungen Setzlinge besser geschützt sind. Bauen Sie Zuckermais nicht neben herkömmlichem Mais an, da sich die Maissorten sonst kreuzen und der Ertrag schlechter wird. Sobald die Maiskolben zu wachsen beginnen, gut wässern. Bauen Sie verschiedene Sorten an, damit Sie über einen längeren Zeitraum ernten können.
• „Tasty Sweet" und „Tasty Gold" sind
  besonders süß.

Ökologischer Anbau 107

● **Schoten und Knospen**

Artischocke

Die Artischocke ist eine attraktive Pflanze, die sich auch im Ziergarten gut macht. Doch wenn man sie in ihrem eigenen Beet mit reichhaltigem Boden in Ruhe lässt, gedeiht sie besser. Alle drei Jahre im Wechsel anbauen. Rote Artischocken sind besser im Geschmack als grüne, haben aber kleine Dornen an den Knospen. Im April in Töpfen vorziehen und im folgenden Sommer Pflanzen mit 1 m Abstand ins Freiland setzen. Artischocken sind leicht anzubauen, doch sie sind frostempfindlich. Bei Kälte sollten sie mit Stroh oder einer Frostschutzhaube abgedeckt werden. Bei trockener Witterung gut wässern. Artischocken werden selten von Schädlingen oder Krankheiten befallen.

Eine reife Artischocke ist im Hochsommer etwas Köstliches.

Fenchel

Fenchel wird hauptsächlich wegen seiner schmackhaften, nach Anis schmeckenden Knolle angebaut. Er stammt aus der Mittelmeerregion, kann aber auch in gemäßigteren Klimazonen angebaut werden, vorausgesetzt er hat genug Sonne und feuchten, reichhaltigen Boden.

Am besten sät man ihn im April/Mai bis Spätsommer entweder im Freiland oder aber in kleinen Töpfen im Treibhaus. Im letzteren Fall setzt man ihn ins Freiland, wenn die kleinen Pflänzchen kommen, mit 30 cm Abstand voneinander. Wässern ist sehr wichtig, sonst schosst er und bildet Samen. Sobald die Fenchelknolle beginnt anzuschwellen, über drei bis vier Wochen ständig Erde anhäufen. Nacktschnecken können zum Problem werden.

Meerkohl

Er wird selten angebaut, obwohl er sehr aromatisch und nährstoffreich ist. Er macht sich gut im Ziergarten. Meerkohl liebt nährstoffreichen Boden. Bevor sie ihn pflanzen, sollte gut verrotteter Dung oder Kompost untergegraben werden. Säen Sie ihn ins Saatbeet und lassen Sie ihn ein Jahr lang wachsen. Im Februar pflanzen Sie ihn dann an seinen endgültigen Platz. Im Freiland sollte er ein sonniges, freies Plätzchen bekommen, damit er sich gut entfalten kann. 45 cm Abstand braucht er nach jeder Seite. Zwei Jahre lang nicht ernten. Im 2. Standjahr im Frühjahr einen Eimer ohne Boden über die Pflanze stülpen und die gebleichten Sprossen ernten, wenn sie etwa 20 cm lang sind. Zwei bis drei Ernten sind auf diese Weise möglich. Meerkohl ist normalerweise pflegeleicht, doch Nacktschnecken können zum Problem werden.

Wenn die Schösschen des Meerkohls erscheinen, schneiden Sie diese über dem Boden ab. Die Krone wächst viele Jahre nach.

Sellerie und Selleriewurzel

Sellerie ist ziemlich arbeitsintensiv. Er braucht feuchten, reichhaltigen Boden, wenn etwas aus ihm werden soll. Wenn Sie Sellerie nur wegen seines Geschmacks möchten, bauen Sie ihn wie Petersilie an, lassen Sie ihn sich selbst vermehren und verwenden Sie nur die Blätter.

Selleriesamen streut man zwischen Februar und März in kleine Töpfchen. Samen kann man fast nicht einzeln säen, daher die kleinen Pflänzchen ausdünnen und in Töpfe mit 5–8 cm Durchmesser setzen. Im Frühbeet abhärten und im Mai ins Freiland setzen. Ziehen Sie hierfür am besten Furchen. Vorher gut verrotteten Dung oder Kompost untergraben. Anschließend mit abgeschnittenen Plastikflaschen oder Folienhauben abdecken. Sellerie muss immer gut feucht gehalten werden. Sobald er drei Viertel

seiner Länge erreicht hat, Zeitungspapier darum herumlegen und Erde anhäufen, damit er bleich wird. Alle drei Wochen Erde anhäufen.

Für Selleriewurzeln beginnen Sie genauso. Sie brauchen ebenso feuchten, reichhaltigen Boden. Allerdings sind Selleriewurzeln unkomplizierter im Anbau, sie brauchen keine Furchen. Für gut verrotteten, im Winter untergegrabenen Dung oder Kompost sind sie allerdings auch dankbar. Mit 30 cm Abstand pflanzen und immer gut gießen. Den meisten Hobbygärtnern gelingt es, eine dicke Wurzel zu ernten. Bleichen ist nicht nötig. Sobald die Wurzel größer wird, immer die untersten Blätter entfernen. Treffen Sie Vorkehrungen gegen Nacktschnecken. Sellerie- und Möhrenfliegen können die Selleriewurzel ebenfalls heimsuchen (s. S. 46).

Spargel

Spargelanbau ist Luxus, da er erst nach drei Jahren zum ersten Mal geerntet werden kann, doch sehr zu empfehlen, wenn man Platz hat. Spargelgrün sieht sehr schön aus, daher ist Spargel eine Bereicherung im Ziergarten. Geben Sie dem Spargel einen festen Platz. Man benötigt eine ziemlich große Fläche, um eine nennenswerte Ernte zu erhalten. Um Platz zu sparen, kann man ihn unter Früchten (am besten Trauben) anpflanzen.

Pflanzen Sie die einjährigen Knospen im März. Hierzu eine Furche von 25 cm Tiefe graben und reichlich gut verrotteten Dung oder Kompost untergraben. Tränken Sie die einjährigen Knospen eine Stunde vorher gut in Wasser, dann in der Furche 15 cm unter die Erde drücken. Der Abstand sollte 60 cm betragen. Spargel wird kaum von Schädlingen oder Krankheiten befallen, daher brauchen Sie nichts Spezielles zu beachten.
• Es gibt neue Hybridsorten, die alle männlich sind. Sie produzieren keine Samen.
  Eine weitere große Auswahl gibt es nicht.

- **Früchte**

Auberginen

Auberginen sind zweifelsohne Treibhauspflanzen, die warme, feuchte Bedingungen lieben. In Töpfen vorziehen und in den Anzuchtkasten oder auf ein sonniges Fensterbrett stellen. Jeden Monat umtopfen und im April in ein beheiztes Treibhaus setzen und zugedeckt halten oder im Mai in ein unbeheiztes Treibhaus setzen. Pflanzen Sie Auberginen in Randnähe und stützen Sie die Pflanzen mit Stöcken ab. Lassen Sie nur 5 bis 6 Früchte pro Pflanze wachsen. Brechen Sie die Triebe ab, wenn sie über 30 cm hoch sind. Auberginen bekommen gerne rote Spinnmilben oder Blattläuse und müssen daher regelmäßig mit Flüssigseife (s. S. 37) oder biologischem Insektenvertilgungsmittel (s. S. 39) besprüht werden.

Kürbis und Zucchini

Hier gibt es eine enorme Sortenvielfalt. Riesenkürbis, Flaschen- oder Birnenkürbis sowie Zucchini sind weit verbreitet. Alle Kürbissorten benötigen sehr reichhaltigen Boden, der zuvor gut mit Dung versetzt wurde. Oftmals sieht man Kürbispflanzen auf dem Komposthaufen blühen. Mitte April kann man sie im Topf vorziehen oder im Mai nach dem letzten Frost gleich ins Freiland pflanzen. Sie benötigen jeweils 90 cm Abstand.

Viele Kürbissorten ranken sich gerne an Zäunen oder Drähten entlang. Man kann sie auch unter oder über Zuckermais wachsen lassen. Sie wickeln sich auch gerne um Sonnenblumenstängel. Immer gut gießen, vor allem bei trockenem Wetter. Wenn die Früchte erscheinen, Flüssigdünger hinzugeben. Da die Kürbisse im Regelfall recht groß werden, sollten sie vom Boden entfernt werden, indem man einen

Auberginen sollten geerntet werden, bevor sie Samen bilden. Sie können auch in Scheiben oder als Ratatouille eingefroren werden.

Pflücken Sie Zucchini regelmäßig, dann bilden sie weitere Früchte. Wenn man sie nicht pflückt, werden Riesenzucchini daraus.

Die Kürbissorte „Golden Nugget" schmeckt ausgezeichnet.

Ziegelstein oder ein Stück Holz unterlegt, damit sie auf der Erde liegend nicht verderben. Kürbissamen brauchen Sie nicht aufzuheben, da sich die Pflanzen leicht vermehren. Halten Sie nach Nacktschnecken Ausschau. Ansonsten gibt es wenig Probleme mit Kürbissen.

• „Arberello di Sarzana" ist eine schmackhafte, weit verbreitete Zucchinisorte.
• „Golden Delight" hat gelbe Früchte.
• „Lebanese White Bush" ist eine Riesen-zucchinisorte.
• „Golden Nugget" ist die schmackhafteste Kürbissorte.
• „Uchiki Kuri" stammt aus Japan und hat einen sehr guten, nussigen Geschmack.

Paprika und Peperoni

Beide lieben Wärme und Feuchtigkeit, vorzugsweise im Gewächshaus, doch auch draußen gedeihen sie, wenn sie in großen Kästen an einer warmen Mauer gezogen werden. Säen Sie die Früchte im Februar bis März in Töpfe und stellen Sie diese in den Anzuchtkasten oder auf eine warme Fensterbank. Monatlich umtopfen und im Mai ins Freiland setzen. Falls es kalt ist, lieber im Gewächshaus anbauen. Die Töpfe sollten einen Durchmesser von 30 cm haben. Verwenden Sie Bambusstäbe zum Abstützen. Wachsende Triebe abknipsen, sobald die Pflanzen 15 cm hoch sind. Regelmäßig gießen und verdünnten Algendünger hinzugeben. Flüssigseife hilft bei Blattläusen. Achtung: Nacktschnecken lieben reife Früchte! Basilikum gedeiht wunderbar dazwischen, da es dieselben Bedingungen liebt.

Eine saftige, grüne Paprika aus dem beheizten Treibhaus

Gurken ranken sich an Spalieren oder Zäunen hoch.

Salat- und Einmachgurken

Gurken brauchen gleichbleibende Wärme und Feuchtigkeit. Sie mögen reichhaltigen Boden. Doch es gibt auch Sorten, die sich mit dem Frühbeet begnügen oder sogar im Freiland gedeihen.

Treibhausgurken sollten im Februar bis März im Topf in einem beheizten Anzuchtkasten vorgezogen werden. Sie brauchen kontinuierliche Wärme zwischen 21 und 24° C und hohe Luftfeuchtigkeit. Wenn das Treibhaus nicht beheizt ist, nicht vor Mai anpflanzen. Pflanzen Sie Gurken entweder in Randnähe des Beetes oder einzeln in Töpfen mit 30 cm Durchmesser. Ein Bambusstab stützt die Ranken, wenn sie größer werden. Sie können auch Schnüre spannen, damit sich die länger werdenden Triebe um die Schnüre herumwickeln können. Knipsen Sie die Triebe ab, wenn sie die Decke erreicht haben. Schneiden Sie Seitentriebe regelmäßig bis auf zwei Blätter zurück. Männliche Pflanzen müssen entfernt werden, bevor sie sich öffnen, damit die weiblichen Pflanzen nicht bestäubt werden,

sonst werden sie bitter. Immer gut gießen. Das Besprühen der Pflanzen und Pfade hält die Luftfeuchtigkeit hoch. Um das Wachstum zu steigern, Flüssigdünger hinzugeben. An einem warmen Platz oder mit elektrischer Beheizung können sie ins Frühbeet geplanzt werden. Es ist nicht einfach, Gurken anzubauen. Doch es gibt neue Sorten, die gut gedeihen.

Freilandgurken und Einmachgurken sind von minderer Qualität und haben oft kleine Dornen. Das Frühbeet oder Folienhauben sind zu empfehlen. Oftmals ist es besser, sie in einem unbeheizten Treibhaus oder unter dem Folientunnel anzubauen. Graben Sie vor der Aussaat gut verrotteten Dung oder Kompost unter. In Töpfen vorziehen und warm halten, bis sie im Mai mit 60 cm Abstand ins Freiland gesetzt werden können. Alternativ können Gurken unter Folienhauben gesät werden, jedoch nicht vor Mai oder Juni. Sie ranken sich an Zäunen und Spalieren hoch, sobald sie kräftig genug sind. Dem Gießwasser regelmäßig Flüssigdünger hinzugeben.

Tomaten

Sie brauchen reichhaltigen Boden. Im Februar bis März werden sie in Töpfen vorgezogen und in den Anzuchtkasten gestellt. Dann werden sie zweimal umgetopft und warm gehalten, bis sie kräftig genug sind. Im Freiland können Sie sie dann ab Mitte des Frühjahres mit jeweils 60 cm Abstand einpflanzen. Im April sollten Sie die Pflänzchen noch abdecken.

Die meisten Sorten werden als einzelne Schnurbäume, die an einen Stock gebunden sind, angebaut. Ich bevorzuge einen dreifachen Schnurbaum, da die Tomaten so größer werden und ich sie früher ernten kann. Seitentriebe sollten abgebrochen werden. In Töpfen treiben sie schnell Wurzeln und können für neue Pflanzen verwendet werden. Undefinierbare Sorten und Pflanzen, an denen die Triebe nicht abgebrochen wurden, produzieren viele wild wuchernde Stängel. Damit sie nicht am Boden liegen, stülpe ich alte Drahtkörbe über die jungen Pflanzen, sie wachsen durch. Im Freiland sind Folienhauben immer von Vorteil. Sie können auch mit angepflocktem Netzmaterial arbeiten, das Sie später als Vogelschutznetz verwenden können.

Tomaten, die abgedeckt sind, werden früher reif und der Ertrag ist höher. Pflanzen Sie Tomaten direkt in den Boden, entweder im Gewächshaus oder unter Folientunnel. Wenn Sie Jahr für Jahr Tomaten anpflanzen, laugt der Boden aus. Deshalb sollte alle paar Jahre die oberste Erdschicht abgetragen und durch frischen, reichhaltigen Boden ersetzt werden.

Zusätzlicher Dünger ist nicht notwendig, wenn Sie guten, lehmigen Boden haben. Doch Tomaten, die in magerem Boden oder Kästen gezogen werden, brauchen zusätzliche Nährstoffe. Flüssiger Beinwelldünger (s. S. 22) ist ideal. Bei Frühtomaten ist Vorsicht geboten. Nicht zu viel Dünger geben, sonst wachsen nur die Pflanzen, nicht die Früchte. Ich finde, dass Tomaten, die wenig gedüngt wurden, besser schmecken.

Auch spätere Sorten sollten nicht überdüngt werden. Wichtig sind eine gleichmäßige Bewässerung, eine ausgeglichene Nährstoffversorgung und ausreichend Wärme. Bei Töpfen und Kästen ist es schwieriger, die richtige Wassermenge abzuschätzen.

Tomaten reifen bestens am Strauch. Lassen Sie immer eine reife Tomate oder Banane im Gewächshaus, das lässt die anderen schneller reif werden.

Tomaten werden selten von Schädlingen oder Krankheiten befallen, vor allem wenn man Tagetes oder Basilikum gemeinsam mit ihnen pflanzt. Flüssigseife und Schädlingsfresser (s. S. 37 und 39) halten Mottenschildläuse im Gewächshaus in Schach.

Bauen Sie verschiedene Sorten an, da sie unterschiedlich in Geschmack und Verwendung sind.

- „San Marzano" sind Riesentomaten.
- „Ochsenherz"-Tomaten sind sehr schmackhafte Fleischtomaten.
- „Marmande" ist eine gute Salattomate.
- „Black Cherry" ist eine köstliche, größere Kirschtomate, am besten 3-triebig ziehen, da der Abstand zwischen den Rispen groß ist.

Die Sortenvielfalt bei Tomaten ist sehr groß. Bauen Sie verschiedene an. Diese „Marmande"-Tomaten sind sehr aromatische Salattomaten.

Der Obstgarten

Der Anbau von Biofrüchten ist leichter und macht mehr Sinn als das Ziehen von Biogemüse. Früchte aus dem Laden sind nie richtig frisch und beim gewerblichen Anbau legt man eher wert auf hohe Erträge als auf Geschmack. Im eigenen Garten dagegen kann man alte Sorten anbauen, die köstlich schmecken und sehr vitaminreich sind.

● **Früchte vom Baum**

Äpfel
Äpfel sind anspruchslos, was Boden und Standort anbelangt. Doch zu nasser Boden kann zu Schorf und Baumkrebs führen. Äpfel bevorzugen leicht sauren Boden. Die meisten Apfelsorten können sowohl als Kordon mit jeweils 60 cm Abstand als auch im Spalierbau jeweils 3 m voneinander entfernt angebaut werden. So erzielt man eine sehr gute Qualität und kann viele Bäume auf kleiner Fläche anbauen. Weitere Baumformen sind Buschbaum, Fächer und Hochstamm.

Apfelbäume, die ihre Früchte am Astende tragen, sollten als wenig beschnittene Obstzwerge angebaut werden. Wenn Sie Apfelbäume in Kästen anbauen möchten, nehmen Sie eine mittelhohe Sorte. Mit verschiedenen Apfelbaumsorten, die zur gleichen Zeit in Blüte stehen, sichern Sie eine optimale Bestäubung. Der Holzapfel ist z. B. ein sehr guter Befruchter.

Apfelbäume können von verschiedenen Schädlingen und Krankheiten wie z. B. dem Apfelwickler und Pflanzenwespen, Obstbaumkrebs und Schorf befallen werden. Solange man die befallenen Früchte immer wieder entfernt, erhält man trotzdem einen zufriedenstellenden Ertrag. Hängen Sie im Frühherbst Klebefallen in die Bäume und kontrollieren Sie diese ständig. Der Kleine Frostspanner bleibt darin hängen, bevor er Eier legen kann. Pheromonfallen verhindern, dass sich Apfelwicklermaden in

den Äpfeln einnisten. Schorfige Stellen an den Früchten entstehen durch kranke Stellen an den Ästen und Blättern. Schneiden Sie diese heraus. Dadurch bekommt der Baum mehr Luft und Licht. Danach muss man düngen und mulchen, damit die Apfelbäume besser wachsen.

Einmal im Monat mit Algenlösung besprühen – das beugt dem Obstbaumkrebs vor, der gerne bei schlechtem Wachstum auftritt. Braune, faule Stellen an Äpfeln werden durch Beschädigungen hervorgerufen, die sich infizieren, und durch Sporen, die in Stamm und Boden überwintern. Da hilft Mulchen und Besprühen mit Algenlösung. Kleine Bäume und Büsche sollten mit Vogelschutznetzen überspannt werden.
- Ein guter Sommerapfel ist der „Santana".
- „Elstar" und „Cox Orange" sind gute Frühwinteräpfel.
- „Braeburn" ist ein aromatischer Winterapfel, der sich gut zum Backen eignet.
- Selbst „Golden Delicious" schmecken als Bioäpfel aus dem eigenen Garten gut.

Aus jeder Sorte, die sich nicht so gut als Essapfel eignet, kann man köstlichen Apfelsaft machen.

Birnen

Birnen werden am besten vor einer sonnigen Mauer im Spalierbau angepflanzt. Frost im Frühling kann der Blüte schaden. Da Birnbäume sehr groß werden, veredelt man gerne Wurzelstöcke von Quitten als Unterlage, damit die Bäume eine mittlere Größe nicht übersteigen. Die Birne braucht Bestäubungspartner. Sogar Sorten, die zum Teil selbstbefruchtend sind, bringen bessere Erträge, wenn sie bestäubt werden. Birnen brauchen ziemlich reichhaltigen Boden. Gras nimmt ihnen die Nährstoffe und sollte daher entfernt werden, bevor man Birnen pflanzt.

Kalter Wind kann zu schwarzen Blättern führen und Feuerbrand lässt Blüten und Blätter welken und braun werden. Schneiden Sie die Stellen ab und verbrennen Sie diese, bevor sich das Problem verbreitet. Wenn ein Birnbaum Blasen an den Blättern hat, kann er Milben haben. Dann besprühen Sie ihn mit Flüssigseife. Manchmal werden Früchte schwarz und fallen herunter. Dann haben Sie Maden und sollten gesammelt und vernichtet werden. Birnen leiden auch unter dem Kleinen Frostspanner, Wollläusen, Apfelwicklern, Pflanzenwespen, Obstbaumkrebs und Schorf. Vögel und Wespen können auch zur Plage werden.

Mandelbaumblüte im Frühjahr

„Rochester" sind als Strauchpfirsiche zu empfehlen. Als Zierbaum sind sie ausgesprochen schön.

- „Clapps Liebling" und „Williams Christbirne" sind sehr gute Tafel- und Einmachbirnen, die sich gegenseitig befruchten.
- Die Herbstbirne „Gute Luise" ist sehr saftig und liefert gute Erträge.
- Die „Asian Nashi" ist sehr widerstandsfähig und pflegeleicht. Sie ist selbstbefruchtend.

Pfirsiche, Nektarinen und Mandeln

Alle drei Arten brauchen dieselben Bedingungen und eignen sich als ideale Ergänzung im Ziergarten. Solange man Pfirsichsträucher mit 4,5 m Abstand in reichhaltigem, gut feuchtem und gemulchtem Boden pflanzt, sind sie selbstbefruchtend und sehr ertragreich. Pfirsiche wachsen besser in sonnigen, trockenen Regionen. Man kann sie aber auch im Gewächshaus in Kästen ziehen und von Hand bestäuben.

Nektarinen sind keine Buschpflanzen. Sie brauchen eine warme und sonnige Mauer oder das Gewächshaus.

Mandeln können als Sträucher oder Bäume angebaut werden und müssen nicht beschnitten oder ausgedünnt werden. Die Bäume sollten mit Bordeauxbrühe (Suspension aus gebranntem Kalk und wässriger Kupfersulfatlösung) besprüht werden, und zwar einmal, bevor die Blätter fallen, und das zweite Mal im Winter bzw. frühen Frühjahr, um die Kräuselkrankheit zu vermeiden.

Diese Krankheit kann vermieden werden, wenn man die Pflanzen über den Winter hereinholt oder man eine Plastikfolie über sie hängt. Damit schützt man sie gleichzeitig vor Frost. Frost kann zum Verlust von Blüten und Knospen führen. Daher sollte man die Pflanzen in kalten Nächten abdecken. Pflanzen, die an warmen Wänden stehen oder abgedeckt werden, können rote Spinnmilben bekommen. Besprühen Sie sie oft mit Wasser und setzen Sie biologische Schädlingsbekämpfung ein. Gewächshauspflanzen können auch Schildläuse und Mehltau bekommen (s. S. 48 und 53).

• „Peregrine" und „Rochester" gehören zu den besten Strauch- oder Baumpfirsichen.

Pflaumen, Zwetschgen und Mirabellen

Diese drei mögen reichhaltigeren Boden als Äpfel und Birnen. Ein idealer Standort für diese Bäume ist in der Nähe eines Komposthaufens.

Während Mirabellen und Zwetschgen meist selbstbefruchtend sind, brauchen Pflaumen meist Befruchtungspartner.

Pflaumen sind vielerlei Schädlingen und Krankheiten ausgesetzt, u. a. Rostpilz, Bakterienkrebs, Bleiglanz, Pflanzenwespen, roten Spinnmilben und vor allem Wollläusen, obwohl sie die Ernte nicht beeinträchtigen (s. S 44–55). Vögel und Wespen zerstören Pflaumen meist. Vögel machen sich auch im Winter über Knospen her. Verwenden Sie deshalb ein Vogelschutznetz, sobald das Laub abgefallen ist. Fruchtmaden können mit Pheromonfallen abgehalten werden und Ohrzwicker stoppen Sie mit Klebestreifen. Gummifluss kann bei ungünstigen Bodenbedingungen wie schlechter Drainage oder saurem Boden entstehen. Beschneiden Sie die Bäume

Köstliche „Purple Pershore"-Pflaumen

nur im Sommer, damit Bleiglanz vermieden wird.

- Die Zwetschge „Imperial" ist selbstbefruchtend, pflegeleicht und erzielt üppige Erträge.
- „Empress" ist eine aromatische Riesenpflaume.
- Die „Mirabelle von Metz" ist orange-gelb, aromatisch und sehr ergiebig.
- Die Renekloden „Große Grüne" und „Ouillins" sind sehr ertragreich.

● Früchte vom Strauch

Brombeeren und Hybridsorten

Sie lieben reichhaltigen, feuchten Boden, wachsen aber auch in magerem Boden und an zeitweilig beschatteten Standorten. Nach dem Pflanzen die Rute auf 30 cm zurückschneiden. Da die Früchte an einjährigen Ruten reifen, muss man dafür sorgen, dass neue und alte Ruten voneinander getrennt sind. Alte Ruten ausschneiden, nachdem sie Früchte getragen haben. Boysenbeeren (Hochsommer) sind groß und schmecken gut, sind aber nicht sehr ertragreich. Loganbeeren sind produktiv und schmackhaft. Taybeeren haben große, süße Früchte. Sie fühlen sich im Halbschatten wohler als in der prallen Sonne.

- „Himalayan Giant" ist groß und hart im Nehmen. Kann als Abgrenzung gepflanzt werden oder an Zäunen. Der Strauch produziert Früchte ab Frühherbst und braucht nicht viel Platz.
- „Oregon Thornless" hat keine Dornen, ist aber für kühle Regionen nicht geeignet.

Brombeeren wachsen auch im Halbschatten.

Erdbeeren

Pflanzen Sie Erdbeeren im Spätsommer in humusreichen, gut gejäteten Boden. Um eine gute Ernte zu erzielen, sollte jedes Jahr ein Drittel neue Pflanzen gekauft werden. Dreijährige Pflanzen bringen weniger und kleinere Früchte. Alle fünf Jahre sollten alle Pflanzen komplett erneuert werden. Neue Sorten sind eher resistent gegen Grauschimmel.

- „Mara des Bois" ist eine Herbstsorte, die nicht so süß ist, aber trotzdem empfehlenswert.
- „Honeoye" und „Marshmello" sind sehr aromatisch.

Himbeeren

Himbeeren wachsen an einem geschützten und sonnigen Standort. Etwas Schatten wird toleriert. Sie bevorzugen reichhaltigen, feuchten Boden. Mulchen sowie gut verrotteter Stallmist oder Kompost in der Pflanzfurche tun ihnen gut. Bei trockenem Wetter regelmäßig gießen. Alle zehn Jahre sollten neue Pflanzen gesetzt werden.

Da Himbeeren sehr unterschiedlich im Geschmack sind, gehen Sie besser zuerst auf eine Himbeerplantage zum Selbstpflücken und probieren verschiedene Sorten, vor allem die außergewöhnlichen gelben Himbeeren.

Vögel können eine Plage sein, daher sollten Sie sie einnetzen oder in einem Maschendrahtkäfig anbauen. Herbstfrüchtler leiden selten unter Larvenbefall. Doch bei Sommerfrüchtlern sollten Sie den Mulch im Winter rechen, damit überwinternde Larven von den Vögeln gefressen werden.

Trotz Himbeerkäfern, Mücken, Pflanzenwespen und verschiedener Viruskrankheiten neigen Himbeeren zu guten Erträgen, sofern alle paar Jahre Neupflanzen gekauft werden.

• „Glen Ample", „Glen Moy", „Glen Magna" und „Autumn Bliss" sind gute Sorten. Besuchen Sie eine Himbeerplantage zum Selbstpflücken und probieren Sie verschiedene Sorten.

Rote und weiße Johannisbeeren

Sie bevorzugen einen leichteren Boden als schwarze Johannisbeeren. Etwas Schatten wird toleriert. Im Frühjahr sollten Sie mulchen und mit flüssigem Algendünger besprühen. Netzen Sie die Sträucher ein, um sie vor Vogelfraß zu schützen. Sie können unter Blattläusen und Pflanzenwespen leiden (s. S. 44–55).

• Es gibt keine große Auswahl unter den Sorten. „Four Lands" ist eine frühe Sorte.

Schwarze Johannisbeeren

Sie sind selbstbefruchtend. Trotzdem lohnt es sich, mehrere Sorten anzubauen, um die Ernteperiode zu verlängern. Sie brauchen reichhaltigen, feuchten und schweren Boden, in den sie tief gepflanzt werden müssen.

Schwarze Johannisbeeren tragen am besten an jungen Ruten. Schneiden Sie im Spätsommer alle Ruten herunter, die Früchte getragen haben. Bedecken Sie sie mit Vogelschutznetzen zum Schutz vor Vogelfraß. Blattläuse im Frühjahr können die Kräuselkrankheit hervorrufen. Eine Lösung aus Schmierseife hilft dagegen.

Rote Johannisbeeren sind roh eher sauer, doch gekocht in Kombination mit anderen Früchten lassen sich herrliche Marmeladen und Gelees daraus machen.

Schwarze Johannisbeeren haben viel Vitamin C.

Mehltau kann ihnen zu schaffen machen (s. S. 44–55). Wenn Früchte abfallen und Düngen nicht hilft, müssen Sie die Büsche herausziehen und neue pflanzen.

- Mehltau resistente Sorten sind „Ben Lomond", „Ben Sarek" und „Ben More". Sie sind alle im Hochsommer reif.
- „Mendip Cross" ist eine gute frühe Sorte.
- „Westwick Choice" ist eine späte Sorte.
- „Wellington XXX" (Hochsommer) ist empfehlenswert.

Stachelbeeren

Die Büsche brauchen Feuchtigkeit, einen reichhaltigen Boden und etwas Schatten – deshalb nicht an trockene Standorte in praller Sonne setzen. Beschneiden Sie die Büsche, nachdem sie Früchte getragen haben, wenn Sie einen geraden Strauch mit offener Mitte anstreben.

Mehltau kann bei zu trockenen Konditionen zum Problem werden. Er breitet sich von den Blättern auf die Früchte aus. Immer gut wässern und mulchen. Vögel sind die größte Gefahr. Im Sommer fressen sie die Früchte und im Winter die Knospen. Warten Sie mit dem Beschneiden bis zum frühen Frühjahr. Danach die Büsche mit schwarzem Baumwollstoff einnetzen. Die Raupen der Stachelbeerblattwespe können junge Büsche kahl fressen. Legen Sie ein Tuch unter den Busch und schütteln sie kräftig, dann fallen die Raupen herunter.

- Wenn Sie nur Platz für einen Strauch haben, pflanzen Sie die mehltau-resistente „Invicta".
- „Rokula" und „Greenfinch" sind ebenfalls mehltau-resistent.

Stachelbeeren gibt es in einer großen Geschmacksvielfalt. Sie können selbst roh köstlich und süß sein.

Ökologischer Anbau 119

Kräuter

Kräuter sind schön, nützlich und für jeden Garten eine Bereicherung. Traditionell werden sie als Würz- und Heilpflanzen, aber auch zur Herstellung von Konservierungs- und Färbemitteln sowie Kosmetika angebaut. Sie eignen sich besonders für den ökologischen Anbau, da sie nahezu verschont bleiben von Schädlingen oder Krankheiten. Ihr Duft lockt außerdem Bienen und andere nützliche Insekten an.

Wenn Sie nur wenig Platz in Ihrem Garten haben, sind Kräuter ideal. Sie haben immer etwas Frisches, um es Salaten und Speisen hinzuzufügen. Selbst in Blumenkästen, Töpfen und Kübeln lassen sie sich ziehen. Viele mehrjährige Kräuter sind nützliche Nachbarn für andere Pflanzen.

In einem großen Garten können sie an vielen Standorten angebaut und je nach Gebrauch gepflückt werden. Mehrjährige Kräuter eignen sich besonders gut als Nachbarn von Obstbäumen und -büschen oder als Hecken und Begrenzungen von Gemüsebeeten.

Im Ziergarten sollten nur mehrjährige Kräuter, die produktiv und pflegeleicht sind, wachsen. Aromatische mehrjährige Kräuter gedeihen bestens an Mauern und Pfaden. Wärmespeichernde Ziegel- und Steinornamente haben sie besonders gerne.

Wenn kein Platz für einen Kräutergarten ist, können die meisten mehrjährigen Kräuter auch in Blumenkästen oder -töpfen angebaut werden. Erwarten Sie jedoch nicht, dass sie genauso gut gedeihen wie im Garten. Dafür kann man sie im Blumentopf abdecken und ins Frühbeet oder Glashaus setzen, um so die Ernteperiode zu verlängern. Kübel eignen sich am besten für Minze, die im Beet gerne unkontrolliert wuchert und schnell jeden freien Fleck einnimmt.

● Einjährige Kräuter

Die meisten einjährigen Kräuter sät man am besten mitten im Frühjahr direkt an ihren Standort, weil Sie das Umpflanzen nicht gut vertragen. Markieren Sie eine Stelle und säen Sie die Kräuter in Gruppen. Die meisten Einjährigen müssen nicht zu einer Pflanze ausgedünnt werden. Alternativ kann man sie auch in Blumentöpfe säen, umtopfen, falls nötig, abhärten und nach dem letzten Frost ins Freiland pflanzen.

Basilikum (Ocimum basilicum)
Eines der aromatischsten Kräuter, das zwischen 15 und 60 cm hoch werden kann. Neben dem süßlich schmeckenden, herkömmlichen Basilikum gibt es auch lilafarbene, kleinblättrige und nach Zitrone schmeckende Sorten. Ziehen Sie Basilikum im Töpfchen vor. Erst ins Freiland pflanzen, wenn es 20 cm Höhe erreicht hat und jegliche Frostgefahr vorüber ist. Basilikum braucht einen geschützten, sonnigen Standort. Bauen sie es bei Tomaten oder Paprika an, da sie dieselben Bedingungen lieben. Achten Sie auf Blattläuse. Schneiden Sie das Basilikum zurück, bevor es Blüten treibt.

Borretsch (Borago officinalis)
Borretsch wird zwischen 60 und 90 cm hoch und wuchert gerne. Säen Sie ihn vor Ort und dünnen Sie ihn auf 45-cm-Abstände aus. Lassen Sie ihn danach selbst aussäen. Wenn Sie ihn ab und zu zurückschneiden, blüht er vom späten Frühjahr bis in den Sommer. Die blauen Blüten locken Bienen an.

Dill (Anethum graveolens)
Dill wird 90 cm hoch. Säen Sie ihn entweder in Töpfe oder ins Freiland, mit 30 cm Abstand an einem sonnigen Standort mit reichhaltigem Boden. Wenn man ihn blühen lässt, zieht er Schwebfliegen an.

Borretsch wird wegen seiner hübschen blauen Blüten angebaut.

Koriander ist eine wertvolle Zutat für Speisen.

Einfaches Bohnenkraut

(Satureja hortensis)

Es wird 45 cm hoch. Säen Sie es entweder mit 15 cm Abstand flach in Töpfe oder direkt in den Gartenboden. Man kann es ausgraben, eintopfen und abdecken, damit man auch im Winter noch etwas davon hat.

Kerbel *(Anthriscus cerefolium)*

Dieses Kraut ähnelt der Petersilie, ist aber leichter anzubauen und hat einen milderen Geschmack. Es wird bis zu 30 cm hoch. Im frühen Frühjahr bis zum Spätsommer an einem halbschattigen Standort mit gut drainiertem Boden aussäen. Ausdünnen auf 15-cm-Abstände. Kerbel ist selbstsäend, wenn man ihn blühen lässt. Wenn er vor der Blüte abgeschnitten wird, wächst er wieder nach.

Koriander *(Coriandrum sativum)*

Wird 30–60 cm hoch. Im späten Frühling mit 25-cm-Abständen vor Ort aussäen. Wählen Sie einen sonnigen Standort mit reichhaltiger Erde.

Kreuzkümmel *(Cuminum cyminum)*

Die 15–30 cm kleine Pflanze braucht einen warmen, geschützten Standort und gut drainierten Boden. Im Frühsommer in 5-cm-Abständen säen. Mit Stöckchen abstützen, damit Saatköpfe nicht auf der Erde liegen.

Kümmel *(Carum carvi)*

Kümmel wird bis zu 60 cm hoch. Ziehen Sie ihn an einem sonnigen Standort mit reichhaltiger Erde. Vor Ort säen und im Frühjahr oder Herbst auf 20-cm-Abstände ausdünnen. Wenn sie ihn blühen lassen, sät er im zweiten Jahr möglicherweise selbst.

Muskatellersalbei *(Salvia sclarea)*

Dieses prächtige, zur Salbeifamilie gehörende Kraut ist herrlich anzusehen. Es wird 60–90 cm hoch, hat lilafarbene Blüten und lockt Bienen an. Im Topf vorziehen und bei 30 cm Höhe pflanzen. Die Blätter pflücken, bevor er Blüten treibt.

Krause Petersilie ist milder als glatte.

Pflücken Sie Bohnenkraut, sobald sich die Blütenknospen zeigen.

Petersilie *(Petroselinum crispum)*
Petersilie wird bis zu 30 cm hoch. Die größere, glatte Petersilie *(P. crispum neapolitanum)* ist aromatischer als die krause. Sie ist zweijährig, treibt also Blüten im zweiten Jahr nach der Aussaat. Lassen Sie sie selbst säen, selbstsäende Pflanzen schmecken immer besser. Saat einweichen und auf die Oberfläche säen. Sie kann lange brauchen, bis sie keimt. Säen Sie einmal im Frühjahr und einmal im Herbst zwei Jahre lang, danach selbst säen lassen. Pflanzen auf 15-cm-Abstände ausdünnen.

Petersilie braucht feuchten, reichhaltigen Boden und etwas Schatten.

Ringelblume *(Calendula officinalis)*
Ringelblumen sind nützlich für andere Pflanzen (s. S. 72–75) und werden bis zu 60 cm hoch. Ziehen Sie die Pflanzen entweder im Frühjahr bis Frühherbst im Topf oder säen Sie diese direkt. Halten Sie dabei 30-cm-Abstände ein.

Rucola *(Eruca vesicaria subsp. sativa)*
Rucola wird bis zu 60 cm hoch, schmeckt aber am besten, wenn er jung ist. Er hat es gern feucht. Säen Sie ihn vom frühen Frühling bis Frühherbst in Töpfen oder in Gruppen mit 15 cm Abstand. Er ist anfällig für Flohkäfer.

● **Mehrjährige Kräuter**
Die meisten mehrjährigen Kräuter nehmen mit magererem Boden vorlieb, sie vertragen ihn oft sogar besser im Gegensatz zu einjährigen Kräutern. Viele Kräuter stammen aus dem Mittelmeerraum und lieben Sonne und leichten, gut drainierten Boden. Feuchte Kälte bringt sie um, daher müssen sie geschützt werden, um durch einen harten Winter zu kommen.

Manchmal hilft es schon, sie an einer Mauer anzubauen. An geschützten Standorten oder in Stadtgärten überleben mehrjährige oft viele Jahre. Fast alle sind gute Unkrautverdränger, bleiben von Schädlingen und Krankheiten verschont und brauchen wenig Pflege. Man muss sie höchstens einmal zurückschneiden oder abgestorbene oder wild wuchernde

Lavendel sieht schön aus und riecht gut.

Triebe entfernen. Die meisten wachsen besser, wenn man sie als kleine Pflänzchen kauft und nicht von Samen zieht.

Viele Kräuter wachsen, wenn man einen Trieb abschneidet oder bestehende Pflanzen teilt. Besuchen Sie Freunde und nehmen Sie etwas davon mit zum Tauschen.

Im Herbst oder Winter sollten Kräuter nicht umgesetzt oder geteilt werden. Pflanzen Sie Ihr neues Kräuterbeet im Frühling. Die meisten Mehrjährigen sollten im Frühling zurückgeschnitten werden. Das hält Wildwuchs in Schach und ermutigt die Pflanze, viele neue Triebe zu bilden. Aber nur so weit abschneiden, wie frische, grüne Triebe aus älterem Holz hervorkommen.

Bergbohnenkraut (Satureja montana)
Das einfache Bohnenkraut schmeckt zwar besser, doch Bergbohnenkraut überlebt fast jeden Winter. Es wird 30 cm hoch. Es wächst nach der Aussaat, die nur auf die Oberfläche gestreut werden muss, leicht. Es braucht gut drainierten Boden an einem sonnigen Standort. 23 cm Abstand einhalten. Die Blüten locken Bienen an.

Fenchel (Foeniculum vulgare)
Eine hohe, graziöse Pflanze, die bis zu 1,50 m hoch werden kann. Im Ziergarten sieht sie sehr attraktiv aus – besonders die rötliche Variante (F. v. „Purpureum"). Fenchel braucht einen offenen, sonnigen Standort. Er vermehrt sich durch Aussaat oder Teilung und sät leicht selbst. Wenn Sie Fenchel nicht überall im Garten wünschen, Blütenköpfe entfernen, sobald sie blass werden. Die Blütenköpfe locken Schwebfliegen an.

Indianernessel (Monarda didyma)
Eine krautige Pflanze, die bis zu 90 cm hoch wird. Mit ihren schönen, roten Blüten passt sie gut in den Ziergarten. Indianernesseln bevorzugen einen reichhaltigen, feuchten Boden im Halbschatten. Zum Vermehren wird jedes dritte Jahr ein Horst geteilt und Teilstücke neu gepflanzt.

Lavendel (Lavandula spp.)
Großartig duftender Strauch mit einer Höhe von 30–90 cm. Er lockt Bienen und Schmetterlinge an. Es gibt ihn in verschiedenen Größen und Blütenfarben. Er braucht einen sonnigen Standort mit gut drainiertem Boden.

Liebstöckel (Levisticum officinale)
Liebstöckel ist eine krautige Pflanze, die bis zu 2 m hoch wird. Sie gedeiht am besten in feuchten, schattigen Lagen und vermehrt sich durch Aussaat oder Teilung. Die Blüten locken Schwebfliegen an.

Lorbeer (Laurus nobilis)
Lorbeerbäume können zwischen 90 cm und 5,5 m groß werden. Kleine Büsche reagieren empfindlich auf kalten Wind. Bei Frost sterben sie leicht. An einem geschützten, warmen Standort ziehen, z. B. in Wannen. Das macht sie allerdings auch anfälliger für Schädlinge. Wenn der Lorbeer einmal gut wächst, wird ein widerstandsfähiger, halbgroßer Baum aus ihm, der auch als Zierbaum gut aussieht, wenn man ihn zurechtschneidet. Lorbeer lässt sich nur schwer vermehren.

Rosmarin kann man das ganze Jahr über pflücken.

Majoran *(Origanum)*

Es gibt verschiedene Sorten, die alle dem Oregano ähneln. Majoran wird 30 cm hoch. Alle Sorten brauchen einen sonnigen Standort. Sie vermehren sich durch Aussaat und Anbau von einjährigen Pflanzen, in warmem Klima auch länger, oder durch Teilen der Wurzel von widerstandsfähigeren mehrjährigen. Letztere neigen dazu, flache Hügel zu bilden, wodurch sie natürliche Begrenzungen bilden. Auch geeignet unter Obstbäumen und -büschen. Es gibt eine attraktive, goldene Sorte, die im Sommer hellgelb und im Winter grün wird. Majoran lockt Bienen und Schmetterlinge an.

Meerrettich *(Armoracia rusticana)*

Meerrettich wird bis zu 60 cm hoch. Man vermehrt ihn durch Wurzelschnittlinge. Meerrettich braucht gut kultivierten Boden, da seine Wurzeln sehr tief gehen. Pflanzen Sie ihn irgendwo, wo er nicht im Weg ist, da er schwer zu entfernen ist.

Minze *(Mentha spp.)*

Es gibt viele Arten und Formen von Minze. Sie werden 45–90 cm hoch und sind stark wuchernd. Pflanzen Sie niemals Minze zusammen mit anderen Kräutern, denn Minzewurzeln überwuchern alles. Pflanzen Sie Minze lieber in Töpfen oder Kübeln, die in die Erde eingelassen wurden, oder in Beeten mit Betonbegrenzung oder Gras, das regelmäßig gemäht wird. Kühle und erfrischende Arten wie die Pfefferminze *(M. x piperita)* oder die Grüne Minze *(M. spicata)* passen in den Ziergarten, ebenso silbrig panaschierte oder gelbe, graue und krause Sorten, die meist nicht so stark wuchern. Minze ist eine pflegeleichte und preiswerte Pflanze, mit der man große Flächen optisch ansprechend abdecken kann, vor allem unter Bäumen. Minze lockt Bienen und andere nützliche Insekten an.

Mutterkraut *(Tanacetum parthenium)*

Es wird 45 cm hoch und vermehrt sich gut durch Selbstaussaat. Es ist eine leicht zu kultivierende Rabattenpflanze, die sich gut mit anderen Pflanzen verträgt. Sie schreckt Schädlinge ab und eignet sich besonders als Lückenfüller.

Rosmarin *(Rosmarinus officinalis)*

Rosmarin wird 60 cm hoch und ist normalerweise nicht winterfest. Doch wenn man ihn an eine warme Mauer mit gut drainiertem Boden pflanzt, überlebt er auch in kühleren Klimazonen. Mit Rosmarin lassen sich schöne Hecken bilden, wenn man ihn regelmäßig schneidet. Anderfalls wuchert er stark. Krautige Stecklinge wachsen im Frühjahr leicht an. Seine Blüten sind beliebt bei Bienen.

Salbei *(Salvia)*

Salbei wird 60 cm hoch und man vermehrt ihn durch krautige Stecklinge oder Aussaat. Alle paar Jahre muss er ersetzt werden, da er verkrautet. Das Beschneiden bekommt ihm nicht. Der rot blühende Salbei hat einen feinen Geschmack. Die dichteren, farbigen Salbeiarten sind nicht winterfest.

Roter Gartensalbei ist eine aromatische Pflanze.

Die auffälligen Blätter der Zitronenmelisse

Schnittlauch *(Allium schoenoprasum)*
Schnittlauch vermehrt man entweder durch
Aussaat oder durch Teilung des Horsts. Er wird
bis zu 30 cm hoch und ist geeignet als niedrige
Rabattenbegrenzung. Blüten und Blätter werden
nach Bedarf geschnitten. Schnittlauch verträgt
sich gut mit Obstbäumen und Rosen. Die Blüten
locken nützliche Insekten an, vor allem Bienen.

Süßdolde *(Myrrhis odorata)*
Die Staude wird 1 m hoch. Säen Sie im Herbst
an einem leicht schattigen Standort und ver-
pflanzen Sie sie im Frühling mit 60 cm Abstand.
Die farnähnlichen Blätter sind sehr dekorativ.

Thymian *(Thymus)*
Thymian wird nur 20 cm hoch und kann gut unter Obstbäumen und -büschen angepflanzt werden, sofern er einen sonnigen Standort hat. Thymian begnügt sich mit magerem und trockenem
Boden. Er kann durch Aussaat oder Ansatzsteck-
linge vermehrt werden. Es gibt viele verschiedene Arten und Düfte, Farben und Formen, die
im Ziergarten attraktiv aussehen können. Achten
Sie auf Kümmel-Thymian *(T. herba-barona)* und

den farbigen *T. pulegioides* „Bertram Anderson".
Bienen lieben die Blüten.

Zitronenmelisse *(Melissa officinalis)*
Sie wird bis zu 60 cm hoch und ähnelt der Minze, wuchert aber nicht. Sie ist kompakt und
dicht und gibt Unkraut keine Chance, wenn man
sie in 45-cm-Abständen pflanzt. Sie gedeiht fast
überall. Die gelb panaschierte Version ist sehr
wertvoll in Ziergärten.

Zitronenstrauch *(Aloysia triphylla)*
Der Strauch wird 90 cm hoch und hat einen ex-
quisiten Zitronenduft. Getrocknete Blätter halten
den Duft viele Monate lang. Er ist leicht zu vermehren durch Wurzelschnittlinge. Er ist nicht
winterfest und kalter Frost bringt ihn um. Pflanzen Sie den Zitronenstrauch in 90-cm-Abstän-
den vor einer warmen Mauer und schützen Sie
die Wurzeln vor Feuchtigkeit und Kälte. Im Frühjahr bildet er Sprossen ähnlich der Fuchsia. Man
kann ihn im Winter abdecken oder als Haus-
pflanze halten. Dann ist er anfällig für Blattläuse
und rote Spinnmilben.

Der Ziergarten

Als Biogärtner möchten wir keine Schadstoffe verwenden, weder Pestizide noch Herbizide. Und dies nicht nur bei den Nutzpflanzen, sondern auch beim Rasen und den Rosen. Doch wenn es um die reine Optik geht, ändert sich unser Verhalten und auf einmal steht die Schönheit im Vordergrund. Eigentlich ist der ökologische Anbau von Nutzpflanzen recht einfach, doch wenn es um das perfekte Aussehen von Pflanzen geht, wird es schon schwieriger.

Mit Gartenwicken, Rittersporn und Rudbeckine im Gemüsebeet entsteht ein wunderschöner naturnaher Garten.

Und erst recht bei vielen verschiedenen Pflanzen rund ums Jahr. Darum greifen so viele Gärtner, die nur für das Auge pflanzen, ständig zu Spraydosen. Für unseren Ziergarten haben wir daher fast nur Pflanzen gewählt, die relativ zuverlässig sind. Nur ein paar wenige hochgezüchtete Arten wie z. B. Rosen brauchen vielleicht etwas mehr Pflege, damit sie keine Schädlinge oder Krankheiten bekommen. Die Auswahl, die Sie in Ihrem Gartencenter finden, ist im Allgemeinen auf problemlose Pflanzen ausgerichtet, es sei denn, es handelt sich um die üblichen Schädlinge wie Nacktschnecken, Weinbergschnecken, Vögel, Katzen und natürlich schwierige Wetterbedingungen!

● **Zierpflanzen im Biogarten**
Zu beachten ist, dass die wunderbare Mischung aus Pflanzen, die zu verschiedenen Zeiten in Beeten und an Rabatten blühen, viel mehr nützliche Insekten anlockt als ein reines Gemüsebeet oder ein Obstgarten. Die Mischung aus einer Vielzahl von Pflanzen sorgt außerdem dafür, dass sich Schädlinge und Krankheiten nicht so schnell verbreiten können. Denn verschiedene Pilzkrankheiten und Mehltauarten und selbst Blattläuse, die viele Gartenpflanzen mehr oder weniger zur gleichen Zeit befallen, wandern nicht von einer Pflanze zur anderen, sondern sie breiten sich aus, weil sie sich bei bestimmten Bedingungen besonders wohlfühlen.

Rasen ist im Allgemeinen eine Monokultur, die recht intensiv gepflegt werden muss. Doch wenn Sie ihn mit Klee, Gänseblümchen, Thymian und Kamille mischen, wird er viel widerstandsfähiger, pflegeleichter und vor allem interessanter – besonders für Kinder.

● Die Wechselbeziehung von Tieren und Pflanzen im Ziergarten

Je besser das physiologische Gleichgewicht zwischen Mulch, dichten Bodendeckern, Bienenstöcken, Wasserläufen, Vogelkästen und Taubenschlag, desto mehr Lebensformen gedeihen in Ihrem Ziergarten. Im Allgemeinen entsteht dadurch eine enorme Fruchtbarkeit und zusätzliches Düngen ist kaum notwendig, es sei denn etwas Mulch. Tatsächlich liefert der Ziergarten Laub, Grasschnitt und andere Gartenabfälle, um den Nutzpflanzen mehr Nahrung zu liefern. Ideal ist natürlich, wenn Blumenbeete und Rabatten in der Nähe des Gemüsebeets liegen, damit nützliche Insekten auch den Nutzpflanzen zugutekommen. Viele Hobbygärtner finden es modern, einheimische und importierte

wilde Pflanzen anzubauen. Das ist in Ordnung, solange sie von einem guten Gartencenter kommen. Doch wir müssen dafür sorgen, dass wir unsere Gärten nicht mit Wildblumen überfüllen und dieses wundervolle Geschenk der Natur, nämlich unsere einheimische Flora, nicht bald vom Aussterben bedroht ist wie viele Tierarten.

> *Die wunderbare Mischung von Pflanzen in Blumenbeeten und Rabatten lockt mehr nützliche Insekten an als ein reines Gemüsebeet.*

Üppig wachsendes Geißblatt bildet einen natürlichen Bogen über einen von Seidelbast und Farnen eingerahmten Pfad.

Einfarbige Blumen-Kombinationen wie diese passen gut zusammen, da sie die Form der einzelnen Blüten und Blätter zur Geltung bringen.

Ökologische Rasenpflege

Die meisten Gärten haben Rasen und Graspfade. Das gleichförmige Grün bringt Pflanzen perfekt zur Geltung, doch es braucht viel Pflege, und das ist nicht billig.

Wenn Sie einen kleinen Garten haben, sollten Sie vielleicht ganz auf Gras verzichten: Erstens brauchen Sie sich so nicht den Kopf wegen des Rasenmähers zu zerbrechen und zweitens haben Sie mehr Platz für interessantere Pflanzen. Ecken zum Sitzen oder Sonnen können gepflastert oder mit Schotter bedeckt und von niedrig wachsenden Pflanzenteppichen wie Kamille oder Thymian eingerahmt werden.

In einem großen Garten macht Gras natürlich Sinn. Es ist zwar nicht schwierig, den Rasen hübsch und gepflegt zu halten, doch zeitaufwendig ist es schon. Grasbedeckte Flächen erhält man entweder durch Aussaat, Rollrasen oder regelmäßiges Mähen des natürlichen Bodenbewuchses.

Säen Sie ein Gemisch aus Kamille, Gänseblümchen und Grassamen.

● Aussaat

Gras säen ist zwar nicht teuer, aber dafür harte Arbeit. Der Standort muss umgegraben, gejätet, planiert und gerecht werden, um ein Saatbett zu schaffen. Steine, Geröll und Wurzelmaterial müssen entfernt werden. Arbeiten Sie mit Steinmehl, Algen- und Kalkdünger zur Vorbereitung des Rasens, bevor Sie den Grassamen im Frühjahr oder Herbst säen.

Ein trittfester Gebrauchsrasen ist empfehlenswerter als ein Zierrasen, der zwar gut aussieht, aber nicht sehr strapazierfähig ist. Feinere Grassorten bevorzugen saure Böden, was zu Moosbelag und Unkraut führt. Säen Sie eine Mischung aus Klee, Kamille, Zwergthymian, Gänseblümchen und Schafgarbe. Diese Mischung ist interessanter, ökologisch vernünftig und Ihr Rasen bleibt grüner, wenn der Regen ausbleibt. Nach der Aussaat gut rechen, festtreten und Vogelscheuchen aufstellen. Mähen Sie das frische Gras bei 5 cm Höhe und strapazieren Sie es erst einmal nicht zu sehr.

● Rollrasen

Es ist zwar die teuerste Methode, einen Rasen zu schaffen, aber dafür weniger arbeitsaufwendig und das Ergebnis ist sofort sichtbar. Am besten verlegen Sie ihn im Frühling oder Herbst bei feuchtem Wetter. Der Standort muss zwar dennoch umgegraben, gedüngt und planiert werden, aber längst nicht so sehr wie bei der Aussaat. Hartnäckiges, mehrjähriges Unkraut wie Löwenzahn muss ausgegraben werden. Einjähriges Unkraut kann man getrost ignorieren, da es meist sowieso abstirbt. Bio-Hobby-Gärtner sollten sich darüber im klaren sein, dass Grassoden oft mit nicht organischen Düngern und Herbiziden behandelt wurden.

● Natürlicher Bodenbewuchs

Regelmäßiges Mähen des natürlichen Bodenbewuchses ist eine langsame Methode, um einen widerstandsfähigen Rasen zu erhalten. Doch dafür bekommen Sie vom ökologischen Gesichtspunkt her eine ausgeglichene Mischung an Pflanzen und Sie haben ein Minimum an Arbeit und Ausgaben.

Man geht genauso vor wie bei der Pflege oder Verbesserung eines bereits bestehenden Rasens, das heißt, man sorgt dafür, dass der Standort geeignet ist für Gras und ungeeignet für andere Pflanzen. Wenn die Fläche am Anfang für den Rasenmäher zu uneben ist, verwenden Sie die ersten paar Male einen Rasentrimmer. Wenn Sie erst einmal einen groben Rasen haben, mähen Sie einmal pro Woche vom frühen Frühjahr bis in den Spätherbst. Lassen Sie den Grasschnitt liegen und reduzieren Sie langsam die Schnitthöhe. Das tötet fast alle hochwüchsigen Unkrautpflanzen ab. Zweimal im Jahr kann man Kalk und Algendünger hinzugeben.

Kleeteppiche, die bei Trockenheit grün hervorstechen, kann man anpassen, indem man mehr Klee sät. Der Rasen wird dadurch sattgrün.

● Ausdünnen

Gehen Sie im Herbst und Frühling mit einem Drahtrechen über den Rasen. Das ist harte Arbeit, tut Ihrem Rasen jedoch gut. Durch Ausdünnen produzieren Sie eine Menge dichten Filz, der als Mulch oder Kompost verwendet werden kann. Damit er schnell verrottet, muss er mit Flüssigdünger befeuchtet werden. Nach dem Ausdünnen versetzen Sie gemahlenen Algendünger, Steinmehl und Grassamen (bei schwerem Boden mit grobem Sand) mit Kalk und rechen ihn unter. Dies kann in jedem Frühling

Die Rasenfläche reicht bis an das Kräuterbeet heran. Der Rasen ist mit dem Trimmer gut zu bearbeiten.

wiederholt werden, doch wenn Sie ihn mit verdünntem Urin besprühen, wird der Rasen sattgrün. Manche Unkräuter mögen all dies überleben, doch man kann sie mit einem scharfen Messer tief in der Erde abschneiden und herausziehen.

● Mähen

Regelmäßiges Mähen hilft, um Unkraut in Schach zu halten. Am besten mäht man mit einem Sichelmäher, der den Grasschnitt gleich auffängt. Verwenden Sie keinen Rasenmäher, der den Grasschnitt zurücklässt.

Mähen Sie den Rasen idealerweise einmal pro Woche. Variieren Sie die Schneidehöhe. Der erste und letzte Schnitt sollte zwischen 5 und 8 cm hoch sein. Streuen Sie den Grasschnitt wieder auf den Rasen, da Würmer ihn im Frühjahr und Herbst gerne fressen. Wenn Sie im Frühjahr mähen, können Sie bis zur Frühlingsmitte die Schnitthöhe auf 2–3 cm herunterstufen und so bis zum Hochsommer belassen. Entfernen Sie den Grasschnitt und geben Sie ihn wieder zurück auf den Rasen.

Ab Hochsommer sollte die Schnitthöhe auf 3–5 cm heraufgesetzt werden. So bleibt der Rasen grüner und bei Trockenheit widerstandsfähiger. Im Spätherbst setzen Sie die Höhe auf 5–8 cm herauf und entfernen den Grasschnitt, bis die letzten Blätter fallen. Sorgen Sie für scharfe Messer am Rasenmäher, das macht das Mähen einfacher.

● Trimmen

Ein Rasentrimmer wird am besten mit Ecken und anderen schwierigen Stellen fertig. Er eignet sich auch, wenn man das Gras unterschiedlich hoch haben möchte. Links und rechts von Pfaden kann man das Gras z. B. 30 cm hoch lassen, sodass es nicht in den Pfad hineinhängt. Für Bereiche mit Blumenzwiebeln, Primeln, Sumpfdotterblumen und Veilchen ist der Rasentrimmer ideal, da man das Gras ordentlich kurz halten kann, damit diese Schätze der Natur nicht zuwachsen und ersticken.

Die Planung eines Biogartens

Bevor Sie Ihren Garten anlegen, sollten Sie sich gut überlegen, was Sie möchten: Soll er Ihr Grundstück aufwerten, Ihrem Leben mehr Sinn geben, Ihre Freunde beeindrucken – oder wollen Sie einfach einmal ein bisschen gärtnern? Brauchen Ihre Kinder einen Spielbereich? Falls Sie Früchte und Gemüse anbauen möchten, welche Sorten möchten Sie und wann sollen sie erntereif sein? Wenn Sie immer im Spätsommer in Urlaub fahren, macht es wenig Sinn, Bäume mit Frühäpfeln anzubauen. Und beim Ziergarten ist zu überlegen, ob Sie Schnittblumen bevorzugen oder lieber die Pracht im Garten genießen möchten?

Blumen sind für die meisten Menschen ein sehr wichtiges Element im Garten. Sie machen ihn nicht nur schöner, sondern liefern auch Nektar und Pollen für nützliche Insekten. Hier abgebildet sind im Vordergrund Indianernessel und goldfarbenes Mutterkraut.

Einzelheiten

Sie brauchen einen Sitzplatz, aber soll er draußen sein oder lieber drinnen am Fenster mit Blick auf den Garten? Wenn Sie wert auf Ihre Privatsphäre legen, sollten Sie vielleicht eher in einen effizienten Blickschutz investieren als in einen Nutzgarten. Wenn Sie sich erst einmal darüber im Klaren sind, was Sie wollen, ist es einfacher, darum herumzuplanen. Betrachten Sie die Gartenplanung so, als ob Sie ein neues Auto oder eine neue Küche kaufen wollten, und legen Sie einen realistischen Betrag dafür fest.

● Die Planung auf dem Papier

Eine Skizze, in der die Grenzen, Mauern, Leitungen, nicht bewegliche Objekte (z. B. ein Öltank), feste Pfade, Bäume, hohe Büsche etc. eingezeichnet sind, ist hilfreich. Wer Zeit und Geld hat, kann natürlich alles neu anlegen, doch es ist einfacher, bestehende Objekte in die Gartenplanung einzubinden, als sie zu ändern. Doch Grasflächen, Blumenbeete, Rabatten und Gemüsebeete können verlagert und angelegt werden, wo man möchte. Wählen Sie den Standort für den Nutzgarten zuerst, da er die besten Bedingungen braucht. Je nach Platz kann danach der restliche Garten angelegt werden.

Der Plan hilft Ihnen, den Garten als Ganzes zu sehen und vernünftig zu planen. Versuchen Sie, aus allem das meiste herauszuholen. Legen Sie einen Schuppen z. B. so an, dass er Schatten für ein Blumenbeet spendet. Oder so, dass die größte freie Wand in der Sonne liegt, dann können Sie einen Obststrauch davor anpflanzen. Setzen Sie Igelnester unter die Bodenplatte und Vogelhäuschen unter einen Dachvorsprung. Das gesammelte Regenwasser aus einer überlaufenden Regentonne kann in einen Teich fließen.

Was im Biogarten geht oder auch nicht geht

- Recyceln Sie alle Garten- und Hausabfälle als Kompost oder zur Wiederverwendung.
- Sorgen Sie für ein optimales Gleichgewicht, indem Sie eine Vielfalt von Pflanzen wachsen lassen.
- Schaffen Sie Habitats für Vögel und Tiere, vor allem indem Sie Teiche und Wasserläufe schaffen.
- Verbannen Sie alle Herbizide. Verwenden Sie stattdessen die empfohlenen Hilfsmittel gegen Unkraut (s. S. 56–59). Sie machen normalerweise nicht mehr Arbeit, sind aber angenehmer und sicherer.
- Verbannen Sie möglichst alle Insektizide. Sie sind selten nötig, und falls doch, verwenden Sie nur die schadstoffärmsten.
- Verbannen Sie alle Fungizide (mit Ausnahme der auf Seite 37 beschriebenen).
- Wenden Sie Mischkultur an, um Schädlings- und Krankheitsbefall in Schach zu halten.
- Verwenden Sie keine flüssigen Düngemittel. Bereits vorhandene können Sie aufbrauchen, indem Sie diese stark verdünnen und im Frühjahr den Rasen damit gießen, da sie schnell und gefahrlos abgebaut werden.
- Verwenden Sie keinen Torf.
- Verwenden Sie keine Pflanzen, die nicht ins Ökosystem passen wie z. B. importierte wilde Blumenzwiebeln und Setzlinge.
- Verwenden Sie keine Plastikprodukte, wenn es natürliche und langlebigere Alternativen gibt.

● Gartengestaltung

In einen Garten lässt sich Vieles ein- und an- bauen, genau wie bei einem Hausanbau – Ge- wächshaus, Teich, Obstkäfig, Hühnerstall usw. Sie können Ihren Garten ganz nach Ihren eige- nen Wünschen gestalten, ob Sie Ihr Gemüse- beet vor dem Haus und den Ziergarten hinter dem Haus oder lieber eine Waldlandschaft mit wilden Blumen und Teich anlegen, bleibt Ihnen überlassen.

Kräuter sind nützlich und pflegeleicht und ziehen nützliche Insekten an. In jedem Garten sollte Platz für ein paar Kräuter sein, vor allem, da sie wenig Raum einnehmen und nicht viel Arbeit machen.

● Gepflasterte Bereiche

Die wichtigsten Plätze im Garten sind Sitz- und Ruheplätze – deshalb hat man ja schließlich ei- nen Garten. Gepflasterte, gefliese oder mit Kie- selsteinen bedeckte Bereiche sind praktischer und machen nicht viel Arbeit. Ein Patio muss vom Haus aus leicht zugänglich sein. Am besten bildet er eine Art Verlängerung der Küche oder des Wintergartens. Falls nicht, wird er sicher eher selten genutzt werden. Patios an einem sonnigen Platz nehmen Wärme auf und lassen darum herum gepflanzte Früchte schneller rei- fen, vor allem Trauben, da sie sich um Pfeiler oder Draht herumwinden können.

Verschiedene Thymian- und Kamillearten wachsen gerne zwischen Bodenplatten und verströmen einen angenehmen Duft, wenn man darauf tritt. Der Patio kann mit wohlrie- chenden Planzen und aromatischen Kräutern eingerahmt werden. Sie duften und halten Fliegen und Moskitos fern. Vogelhäuschen, die an der Wand oder am Dachvorsprung ange- bracht wurden, locken interessante Vögel an und halten das Haus frei von Ungeziefer. Ein Vogelhaus und ein Vogelbad sorgen dafür, dass noch mehr Vogelarten angelockt werden.

Ein gepflasterter Weg durch den Garten erleichert den Zugang zum Kräuterbeet sowie zum Rasen.

Gartengrößen

Die meisten von uns hätten lieber einen großen Garten, doch Sie werden staunen, wie viel man selbst in einem kleinen Gärtchen machen kann, z. B. viele Früchte, Gemüse und Blumen anbauen und dabei gerade mal die Zeit aufwenden, die man in einem großen Garten für das Rasenmähen gebraucht hätte. Und nicht nur das: Wenn Sie in einen kleinen Garten investieren, ist das wesentlich effektiver. Man kann langsam wachsende, immergrüne Büsche kaufen oder Elemente hinzufügen, die keinen Pflegeaufwand brauchen wie z. B. gepflasterte Bereiche. In einen großen Garten muss man weit mehr investieren.

Der Vorteil eines großen Gartens ist natürlich, dass Sie wesentlich mehr Privatsphäre haben, vor allem wenn Sie genug Platz haben, um eine Hecke oder einen Windschutz anzulegen. Ein weiterer Vorteil vor allem für den Biogärtner ist, dass ein großer Garten durch Hecken isoliert ist und Insektensprays, Schädlinge und Sporen von Krankheiten aus anderen Gärten kaum in den Biogarten gelangen. Dadurch, dass es in einem großen Garten mehr Pflanzen und Habitats gibt, lockt er mehr nützliche Insekten und anderes Getier an, wodurch wiederum Schädlinge in Schach gehalten werden. Ein großer Garten liefert auch mehr nützliche Gartenabfälle, Grasschnitt und Laub für den Kompost, was wiederum im Gemüsebeet und anderswo von Nutzen ist.

Wenn mehr Land zur Verfügung steht, kann der Anbau weniger intensiv durchgeführt werden. Die längeren Abstände zwischen den Fruchtfolgen sowie Gründüngung führen zu besseren Ernteerfolgen und geringerer Krankheitsanfälligkeit.

In einem großen Garten kann man auch eher Nutztiere halten, die Ihren Abfall in Eier und Fleisch umwandeln. Sie produzieren außerdem noch wertvollen Dünger – und auch in einem kleinen Garten kann man ein oder zwei Hühner halten, vorausgesetzt es gibt keine Verordnung, die dagegen spricht.

● **Der kleine Stadtgarten**

Gärten in dicht bevölkerten Gegenden liefern oftmals mehr Schutz und Wärme als Gärten auf dem Lande. Mauern, Fliesen und Pflaster speichern Wärme und Gebäude schützen vor Wind. Menschen, Gebäude und Autos auf engem Raum produzieren mehr Wärme. Außerdem ist der Kohlendioxidgehalt höher. Besagte Wärme bedeutet, dass die Wachstumsperiode einige Wochen früher beginnt. Während in der Stadt schon Frühlingstemperaturen herrschen, hat es in den umliegenden Tälern noch Frost.

> *Selbst in einem kleinen Garten kann man ein oder zwei Hühner halten, sofern keine Verordnung dagegen spricht.*

Es lohnt sich, ein paar Hühner zu halten. Sie liefern wertvollen Dünger – und natürlich immer frische Eier.

Die Größe hat nicht so viel damit zu tun, welche Art von Garten Sie anlegen können. Allerdings macht es wenig Sinn, auf einem Fleckchen von 3 x 3 m eine Rosenhecke, ein Gemüsebeet, einen Rasen und einen Wasserlauf hineinzuquetschen. Doch ein paar dieser Elemente können durchaus schön kombiniert werden.

Selbst im kleinsten Gärtchen ist Platz für Kräuter, sei es in Töpfen oder Trögen, oder vielleicht ist genug Platz für ein Salatbeet. Ein Patio ist viel wertvoller, egal bei welchem Wetter, als ein Stück Rasen. Mit ein paar duftenden Pflanzen und einem Teich können Sie sich eine ruhige kleine Oase mitten im hektischen Stadtleben schaffen.

Früchte kann man vor einer Mauer oder als Sichtschutz in Kübeln und Trögen anpflanzen. Möglicherweise ist auch Platz für ein Gemüsebeet oder einen bunten Garten mit Nutzpflanzen. Für einen Kompost findet sich überall

Bienenstöcke stellt man besser in einem etwas verwilderten Teil des Gartens auf.

ein Eckchen, ebenso für Bienenstöcke. Eine Bienenzucht ist ideal für Stadtgärten – Bienen machen sie lebendiger und produzieren Honig. Bienen fühlen sich wohl unter den milderen Bedingungen eines Stadtgartens mit vielen verschiedenen Pflanzen. Je mehr Aufmerksamkeit sie erhalten, desto produktiver sind sie. Bienen sind also geradezu ideal, wenn Sie einen kleinen Garten und viel freie Zeit haben. Für Nistkästen, Vogel- und Igelfutter ist allemal ein Plätzchen zu finden.

● Größere Vorstadtgärten

Der typische Garten ist bei den meisten Leuten in verschiedene Bereiche unterteilt, oftmals mit einem eher förmlichen Garten vor dem Haus und genug Platz, um eine Menge Obst und Gemüse anzubauen. Für die meisten Hobby-Gärtner mit wenig Freizeit ist dies wahrscheinlich die optimale Größe, da ein solcher Garten überschaubar und allein zu bewerkstelligen ist. Größere Gärten erfordern eine genaue Planung und Routine in den Arbeitsabläufen.

Wenn man sich die Arbeit gut einteilt, sodass sie innerhalb von ein paar Stunden während der Woche erledigt werden kann, wird der Garten nicht zur Last und man hat alles im Griff. Für Obstkäfig, Gewächshaus, Gemüsebeet und Obstbäume sollte immer Platz sein, zwar weiter

Ein Teich ist nicht nur schön, sondern bietet wertvollen Lebensraum für Insekten und Tiere.

weg vom Haus, aber dennoch in praktikabler Entfernung. Ziergarten, Patio, Pool und Kräutergarten sollten dagegen bequem erreichbar sei.

Ob Sie weitere Felder mit Nutzpflanzen anlegen, ist abhängig vom Platz. Doch es ist besser, entweder Rebstöcke oder ein Spargelfeld und nicht beides zusammen zu planen, da sich so die Pflanzen besser entfalten können.

● Der große Garten auf dem Lande

Was und wie man anbaut, wenn man einen Garten mit einer Größe bis zu 4000 m² hat, hängt davon ab, wie viel Zeit und Geld man investieren kann und will. Ein Garten dieser Größenordnung erfordert eine gründliche Planung, sonst kommt man mit der Arbeit nicht mehr nach.

Es sei denn, man hat Hilfe. Ich habe so ziemlich alles in meinen Landgarten hineingequetscht, was man sich vorstellen kann, musste dafür jedoch das ganze Jahr über jedes Wochenende opfern, um die viele Arbeit zu bewältigen. Für einen begeisterten Gärtner ist diese Größe optimal – wenn der Garten jedoch noch größer ist, muss man sich die Arbeit erleichtern oder man braucht wirklich Unterstützung.

Intensiver Gartenbau sollte vielmehr durch einen extensiven ersetzt werden – halbstämmige Bäume auf einer Obstwiese anstatt zu Kordons erzogene Obstbäume; flache Gemüsebeete statt Hochbeete; weniger, größere und buschigere Begrenzungen mit großzügigen Kurven als peinlich genau getrimmte Hecken. Rasenmähen ist effektiv, wenn große Flächen ordentlich aussehen sollen, doch es ist eine der zeitintensivsten Arbeiten. Vielleicht sollte man sich dafür Hilfe holen, damit man mehr Zeit hat für die Gartenarbeiten, die Spaß machen.

Gute Zugänglichkeit und gut begehbare Pfade sind wichtig. Auch sollten die Bereiche, die man am seltensten aufsucht, am weitesten entfernt liegen – man kann viel Zeit damit verlieren, wenn man ständig hin und her laufen muss, um Werkzeuge zu holen. Ein Garten dieser Größenordnung sollte genug Vielfalt an Flora und Fauna bieten, um sich selbst immer fruchtbar zu halten.

● Sehr große Landgärten

Mit einem Hektar Land kann man so ziemlich alles machen. Auf jeden Fall kann man zum Selbstversorger werden, was Obst und Gemüse anbelangt, und man kann sämtliche Tiere halten, für deren Pflege man Zeit hat. Große Flächen sollten vereinfacht werden, das heißt, zu Grasland gemacht und regelmäßig gemäht werden, wobei der Grasschnitt genügt, um den restlichen Garten damit zu düngen und zu mulchen. Bei dieser Größe ist es unumgänglich, einige Maschinen anzuschaffen, obwohl Vierbeiner als Rasenmäher nicht zu verachten sind.

Ohne sorgfältige Planung kann ein zu großer Garten eher Fluch als Segen sein.

Gartenpläne

Mit etwas Planung ist selbst im kleinsten Garten Platz für den Bioanbau. Diese beiden Pläne sollen Ihnen einige Ideen liefern, wie Sie Ihren Garten anlegen können. Der kleine Garten ist 10 x 8 m und der große 21 x 14 m groß. Beide Gärten sind dicht bepflanzt oder gemulcht.

1. **Wurmkomposter** sind besonders ideal bei kleinen Gärten. Sie können gut in einer schattigen Ecke verstaut werden.
2. Von der Dachrinne gespeiste **Regentonnen** sind durch ein Überlaufsystem miteinander verbunden. In einem großen Garten können sie auch neben dem Gewächshaus aufgestellt werden.
3. Das **Kräuterbeet** braucht viel Luft und Sonne.
4. **Gemüsebeete** brauchen viel Sonne und Luft. Sie sind etwa 1 m breit. Dazwischen liegen betonierte Trittsteine, um Raum zu sparen. Jedes Beet verläuft in Nord-Süd-Richtung.
5. Ein mit Kreuzblumen geschmückter, schwarz gestrichener **Obstkäfig** ist praktisch und sieht gut aus.
6. **Kleines Gewächshaus** – Ihre beste Investition für den Garten. Es gibt freistehende oder anlehnende Varianten, die man in südlicher Richtung aufstellt, da sie volle Sonne benötigen. Am besten so nahe wie möglich am Haus aufstellen, damit man es mit der im Haus befindlichen Zentralheizung mit beheizen kann.
7. **Größeres Gewächshaus**, das am Ende des Gartens volle Sonne bekommt.
8. **Kleiner Pool** mit abgerundeten Ecken. Eine Seite ist ohne Umrandung, damit Tiere einen guten Zugang zum Wasser haben. Bringen Sie ein Gitter als Kindersicherung unter der Wasseroberfläche an.
9. **Großer Teich**, um eine größere Vielfalt an Tieren anzulocken.
10. **Vogelhäuschen** – Versuchen Sie so viele wie möglich unter Dachvorsprüngen, an Mauern und in jedem dichten Busch anzubringen.

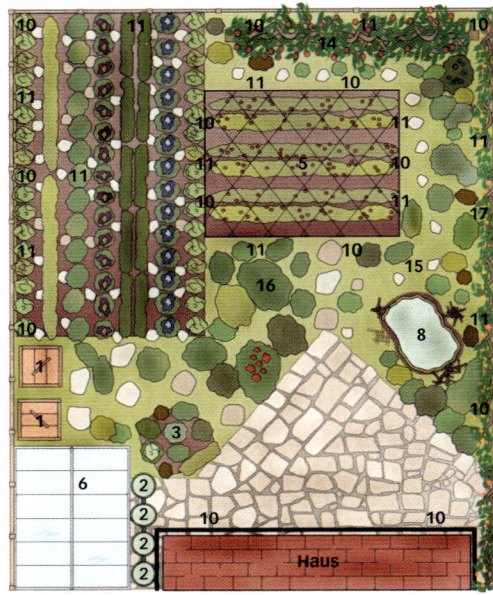

Kleiner Garten, südlich ausgerichtet

11. **Marienkäfer- und Florfliegennester** – Locken Sie diese nützlichen Insekten an, indem Sie viele hohle Stämme in trockene Nischen legen.
12. **Verrottende Baumstümpfe** sind Teil des Habitats für Käfer und Libellen. Bedecken Sie in der Erde versenkte Blumentöpfe als Habitat für Frösche und Kröten.
13. **Aufgehäufte Steine, Platten, Teller und Flaschen**, gut versteckt unter immergrünen Büschen und weit entfernt vom Gemüsebeet, können zum Habitat für andere Tiere werden.
14. Als **Kordons oder Spalierbäume** erzogene Apfelbäume schaffen eine grüne Wand und erlauben, mehrere Sorten auf kleinem Raum anzubauen. Sie müssen sorgfältig gestützt und beschnitten werden.
15. **Entfernter Baum** – In einem kleinen Garten nimmt jeder Baum Licht und Raum weg und muss entfernt werden, auch wenn sie ihn sehr lieben und er viele Früchte produziert.

16. Der **Rasen wurde entfernt**, um für Nutz- oder Zierpflanzen Raum zu schaffen. Somit braucht man auch keinen Rasenmäher, den man unterstellen muss.

17. **Kletterpflanzen**, die am Zaun entlang wachsen. Eine hübsche Gartenbegrenzung und eine Optimierung des Pflanzbereichs.

18. Dicht bepflanzt und gemulcht mit **kleinen Trittsteinen**.

Großer Garten, südlich ausgerichtet

Ein Jahr im Garten – Frühjahr

	Anpflanzen	Aussaat	Dünger	Mulch	Sprühen	Beschneiden
Früh	Artischocken, Spargel, Knoblauch, Steckzwiebeln, Kartoffeln und Schalotten Immergrüne Büsche und Bäume	Unter Folienhauben: rote Rüben, Ackerbohnen, Weißkohl, Blumenkohl, Möhren, Mangold, Kräuter, Kohlrabi, Porree, Kopfsalat, Petersilienwurzel, Erbsen, Rettiche, Bocksbart, Schwarzwurzel, Spinat, Frühlingszwiebeln und Kohlrüben; Gartenwicken	Frühlingssämlinge mit flüssigem Beinwell oder Algenlösung düngen	Überall verteilen	Alle Pflanzen mit Algenlösung besprühen	Immergrüne und Nadelholzhecken Hohlstämmige Büsche und winterfeste Hecken
Mitte	Zwiebelsetzlinge und Saatkartoffeln Mehrjährige Kräuter Immergrüne Büsche und Bäume	Unter Folienhauben: Bohnen (Acker-, Garten-, Feuerbohnen), Kohlsorten (die meisten), Möhren, Fenchel, Kohlrabi, Porree, Kopf- und andere Salate, Petersilienwurzel, Erbsen, Rettiche, Bocksbart, Schwarzwurzel, Spinat, Steck- und Kohlrüben; Kräuter; Gartenwicken		Überall verteilen	Alle Pflanzen mit Algenlösung besprühen	Früh blühende Büsche, wenn Blüten verblassen Saatköpfe von Zwiebeln, wenn sie absterben
Spät	Zucchini und Riesenzucchini, Freilandgurken und Zuckermais	Unter Folienhauben: Zucchini, Riesenzucchini, Einmachgurken, Melonen, Kürbisse, Zuckermais und Tomaten; halb-harte Blumen Im Freiland: Bohnen (Acker-, Garten-, Feuerbohnen) Kohlsorten (die meisten), Möhren, Fenchel, Kohlrabi, Porree, Kopf- und andere Salate, Petersilienwurzel, Erbsen, Bocksbart, Schwarzwurzel, Rettiche, Spinat, Steck- und Kohlrüben; Kräuter; Gartenwicken und Goldlack	Tomaten- und Topfpflanzen mit flüssigem Beinwell oder Algenlösung düngen Graben Sie Kompost unter, bevor Sie verpflanzen	Unter und um Kartoffeln herum verteilen	Alle Pflanzen mit Algenlösung besprühen	Früh blühende Büsche, wenn Blüten verblassen

Früchte	Routinearbeiten	Im Gewächshaus	Rasen und Gras	Kübel	Allgemein	
Alte Ruten, die Herbstfrüchte trugen, entfernen Pfirsiche und Mandeln mit Bordeaux-Brühe besprühen Trauben, Beeren und Rhabarber pflanzen	Kompost eingraben oder Gründüngung einarbeiten	Säen: Auberginen, Gurken, Paprika und Tomaten	Mit gesiebtem Kompost oder Algenlösung düngen Einmal wöchentlich mähen, Grasschnitt liegen lassen Grassoden verlegen und reparieren		Schützen Sie frühe Blumen und Knospen gegen Frost Klebebandfallen ersetzen, falls nötig	**Früh**
	Regelmäßig Unkraut jäten	Säen: Zucchini, Riesenzucchini, Einmachgurken, Melonen, Kürbisse, Freilandgurken, Zuckermais und Tomaten Säen: Halbharte Blumen	Wöchentlich mähen Grasschnitt als Mulch verwenden	Oberboden bei Dauerpflanzen erneuern	Schneckenfallen aufstellen Pflanzen auf Schädlings- und Krankheitsbefall untersuchen Klebebandfallen kontrollieren Nicht winterharte Blumen, zarte Frucht- und Pflanzenknospen vor Frost schützen	**Mitte**
Schlecht sitzende und überfüllte Äste an Aprikosen- und Pfirsichbäumen entfernen	Regelmäßig Unkraut jäten Herbst- und Frühlingsseːlinge gießen		Wöchentlich mähen Grasschnitt als Mulch verwenden		Kletterpflanzen und hohe, krautige Pflanzen anbinden und abstützen Schneckenfallen aufstellen Klebebandfallen kontrollieren Pflanzen auf Schädlingsbefall (vor allem Blattläuse, Weißkohlraupen und rote Spinnmilben) und Krankheiten untersuchen Blumen, Fruchtknospen und Pflanzen vor Frost schützen	**Spät**

Ein Jahr im Garten – Sommer

	Anpflanzen	Aussaat	Dünger	Mulch	Sprühen	Beschneiden
Früh	Kohl und Porree umpflanzen	Rote Rüben, Chicorée, Endivie, Kohlrabi, Kopf- und andere Salate, Spinat, Steck- und Kohlrüben, zwei- und mehrjährige Pflanzen	Tomaten- und Topfpflanzen mit flüssigem Beinwell oder Algenlösung düngen Kompost untergraben bei Umpflanzungen	Unter und um Kartoffeln herum	Alles mit verdünnter Algenlösung besprühen	Entfernen der abgestorbenen Zweige und beschneiden der meisten blühenden Büsche, wenn Blüten verblassen
Mitte	Saatkartoffeln für Späternte	Möhren, Mangold, Chinakohl, Kohlrabi, Steck- und Kohlrüben, Winterspinat	Kompost untergraben bei Saatkartoffeln		Alles mit verdünnter Algenlösung besprühen Bei warmem, feuchtem Wetter Kartoffeln mit Bordeaux-Brühe besprühen	Immergrüne und Nadelholzhecken Entfernen abgestorbener Zweige
Spät	Narzissenzwiebeln	Japanische und Frühlingszwiebeln, Wintersalate und Winterspinat Gründüngung, wo die Erdoberfläche frei ist			Alles mit verdünnter Algenlösung besprühen	

Früchte	Routine-arbeiten	Im Gewächs-haus	Rasen und Gras	Kübel	Allgemein	
Sommerschnitt für Trauben Schützen Sie Früchte vor Vögeln Ausdünnen, ernten und nutzen von Früchten	Regelmäßig Unkraut jäten Wässern, wenn notwendig		Wöchentlich mähen		Klebebandfallen kontrollieren Auf Schädlingsbefall (vor allem Blattläuse, Raupen, Stachelbeer-wespen und rote Spinnmilben) und Krankheiten über-prüfen	**Früh**
Pflaumenbäume und blühende sowie Früchte tragende Kirschbäume beschneiden Sommerschnitt für Apfel- und Birnbäume Beschneiden Sie rote und weiße Johannisbeeren und Weinstöcke Früchte vor Vögeln schützen Ausdünnen, ernten und nutzen von Früchten	Regelmäßig Unkraut jäten Wässern, wenn notwendig		Mähen, falls notwendig Grasschnitt als Mulch verwenden		Klebebandfallen kontrollieren Auf Schädlingsbefall und Krankheiten über-prüfen Früchte vor Vögeln schützen Wasser für Vögel aufstellen	**Mitte**
Nachernteschnitt der schwarzen Johannis-beerruten Verpflanzen der Erd-beerausläufer Früchte vor Vögeln schützen Ausdünnen, ernten und nutzen von Früchten	Regelmäßig Unkraut jäten Wässern, wenn notwendig		Mähen, falls notwendig Grasschnitt als Mulch verwenden		Winterfeste Bäume und Sträucher für Herbst-pflanzung bestellen Säubern, streichen und reparieren von Dach-rinnen und Mauern Wasser für Vögel aufstellen	**Spät**

Ein Jahr im Garten – Herbst

	Anpflanzen	Aussaat	Dünger	Mulch	Sprühen	Beschneiden
Früh	Knoblauch und andere Zwiebeln Verpflanzen von zwei-jährigen Blumen-pflanzen	Unter Folienhauben: Chinesisches Gemüse, Frühkarotten, Kohl-rüben, Wintersalate Im Freiland: Gründüngung	Kompost untergraben bei allen Umpflanzungen	Alten Mulchbelag rechen	Alles mit verdünntem Algendünger besprühen	Krautige Pflanzen bis 15 cm, sobald sich Wachstum verlangsamt
Mitte	Laubbäume und -büsche	Sommerblumenkohl und Wintersalate; Gartenwicken; Gründüngung	Kompost untergraben bei allen Pflanzungen Verteilen von gesiebtem Kompost um Bäume, Büsche und Beeren-sträucher	Neuen Mulchbe-lag überall ausbringen		Krautige Pflanzen bis 15 cm, sobald sich Wachstum verlangsamt Spät blühende Sträucher, sobald Laub fällt
Spät	Laubbäume und -büsche	Winterfeste Acker-bohnen und Erbsen	Kompost untergraben bei allen Planzungen Verteilen von gesiebtem Kompost über Spargel und Artischocken			Krautige Pflanzen bis 15 cm, sobald sich Wachstum verlangsamt Spät blühende Sträucher, sobald Laub fällt

Früchte	Routine-arbeiten	Im Gewächs-haus	Rasen und Gras	Kübel	Allgemein	
Alte Himbeer- und Blaubeerstäbe austauschen und neue anbinden Ernten und verbrauchen oder lagern	Regelmäßig Unkraut jäten Dahlien und Gladiolen aus der Erde heben und lagern Beschneidungsrückstände von Hölzern aufbewahren, bevor Blätter fallen		Mähen, falls notwendig Grasschnitt als Mulch verwenden		Samen sammeln und lagern Klebebandfallen kontrollieren Früchte und Blumen vor Frost schützen Auf Schädlingsbefall untersuchen	Früh
Beerensträucher und Weinstöcke beschneiden, sobald Laub fällt Alte Himbeer- und Brombeerstäbe austauschen und neue anbringen Neue Beeren pflanzen Ernten und verbrauchen oder lagern Herbsterdbeeren mit Folienhauben abdecken	Regelmäßig Unkraut jäten Winterfeste Kräuterpflanzen und Rhabarber herausnehmen und teilen Neue Beete und Begrenzungen schaffen Folienhauben über Salatpflanzen geben		Wöchentlich mähen, Schnittmesser erhöhen Grasschnitt zu geschreddertem Laub geben oder aufsammeln und als Mulch verwenden	Hereinholen oder schützen	Samen und Beeren sammeln und lagern Klebebandfallen kontrollieren Winterfeste Begrenzungspflanzen gegen Frost schützen Komposthaufen umgraben und zudecken Gut verrotteten Kompost sieben und gebrauchsfertig machen	Mitte
Winterschnitt von Apfel-, Birnbäumen und steinlosem Obst Beeren pflanzen Letzte Früchte ernten und lagern	Regelmäßig Unkraut jäten In kalten Gärten Wurzelgemüse herausnehmen und lagern		Mähen, falls notwendig Grasschnitt sammeln und mit Blättern als Mulch verwenden		Klebebandfallen kontrollieren Saatkataloge, Saatkartoffeln und krautige Pflanzen für den Frühling bestellen Abfall für den Kompost oder den Schredder sammeln	Spät

Ein Jahr im Garten – Winter

	Anpflanzen	Aussaat	Dünger	Mulch	Sprühen	Beschneiden	
Früh	Laubbäume und -büsche		Kompost untergraben bei allen Planzungen Verteilen Sie Kompost über die Kronen von krautigen Pflanzen			Spät blühende Büsche, sobald sie Blätter verlieren	
Mitte	Lagern Sie Saatkartoffeln an einem lichten, frostfreien Ort		Bringen Sie alle paar Jahre Kalk oder mit Kalk versetzten Algendünger auf dem Boden aus			Entfernen Sie alle beschädigten oder kranken Triebe	
Spät	Knoblauch, Zwiebelstecklinge und Schalotten Bäume und Büsche		Bringen Sie Algendünger auf dem Boden aus, danach mulchen und rechen		Draußen: Pfirsich- und Mandelbäume mit Bordeaux-Brühe besprühen	Entfernen Sie alle beschädigten oder kranken Triebe	

Früchte	Routine-arbeiten	Im Gewächs-haus	Rasen und Gras	Kübel	Allgemein	
Beschneiden Sie Beerensträucher und Weinstöcke, sobald Blätter fallen Winterschnitt für Apfelbäume und kernloses Obst Beeren pflanzen	Unkraut jäten, falls notwendig In milden Gärten Wurzelgemüse ernten und lagern	Glas und Flächen säubern	Mit Kalk versetzen, aerifizieren und mit der Nagelwalze darübergehen, groben Sand zugeben, falls notwendig		Klebebandfallen kontrollieren Folienhauben und Frühbeete säubern Dach- und Regenrinnen säubern, nachdem die letzten Blätter gefallen sind	Früh
	Neue Beete graben				Planen Sie jetzt Veränderungen im Garten Samen bestellen Vogelfutter ausbringen	Mitte
Beeren pflanzen Große Knospen an Scharzer Johannisbeere abzwicken	Folienhauben, niedere Folientunnel und Plastikmulch ausbringen zur Erwärmung des Bodens	Aussäen von Ackerbohnen, Weißkohl, Möhren, Blumenkohl, frühen Erbsen, Gewächshaustomaten, Salaten, Kartoffeln, Rettichen, Spinat und Kohlrüben In Töpfen: Zwiebeln und Frühlingszwiebeln; Gartenwicken	Algendünger ausbringen und einrechen Bei mildem Wetter mit hohem Messerstand mähen und Grasschnitt liegen lassen		Sieben und mixen von selbst gemachtem Topfkompost Oberboden von Gewächshausbeeten erneuern Inspizieren von Halterungen, Befestigungen und Beschriftungen an Gehölzen Wurzeln von Herbstpflanzungen nach letztem Frost festigen Klebebandfallen kontrollieren Insektenfallen und -nester leeren	Spät

Register

Bildnachweis

Cactus Design
Bob Flowerdew
Garden Picture Library: David Cavagnaro
Jerry Harpur
Susan Hillier
Holt Studios: Nigel Cattlin, Andy Morant

Leigh Jones
Octopus Publishing Group Limited:
    Mark Bolton, Michael Boyes, Dave Jordan,
    Peter Myers, George Wright
SAMMÜLLER KREATIV GmbH

THE BIG

BOOK OF

ENTDECKE DICH NEU

CHALLENGES

100 CHALLENGES

1 TAG

7 TAGE

30 TAGE

365 TAGE

Alle Hindernisse und Schwierigkeiten sind Stufen, auf denen wir in die Höhe steigen.

FRIEDRICH NIETZSCHE